CASOS
EMPRESARIALES
EN EL SUR DE
TAMAULIPAS

CASOS
EMPRESARIALES
EN EL SUR DE
TAMAULIPAS

Compiladores:
Dra. Nora Hilda González Duran
Dr. Juan Antonio Olguín Murrieta
Dr. Juan Carlos Guzmán García
Dr. Javier Guzmán Obando
M.I. María Elena Martínez García

Número de Control de la Biblioteca del Congreso de EE. UU.:   2019912624
ISBN: Tapa Dura   978-1-5065-2994-3
                Tapa Blanda   978-1-5065-2993-6
                Libro Electrónico   978-1-5065-2992-9

Para realizar pedidos de este libro, contacte con:
Palibrio
1663 Liberty Drive, Suite 200
Bloomington, IN 47403
Gratis desde EE. UU. al 877.407.5847
Gratis desde México al 01.800.288.2243
Gratis desde España al 900.866.949
Desde otro país al +1.812.671.9757
Fax: 01.812.355.1576
ventas@palibrio.com
799953

ÍNDICE

INTRODUCCIÓN

En este libro se compilan trabajos de investigación que fueron presentados como casos de estudios de empresas del Sur de Tamaulipas. El libro tiene aplicación para empresarios de la zona como para estudiantes que les servirán las recomendaciones de cada una de las unidades presentadas ya que se analizan diferentes casos de empresas de como se encuentran en el mercado competitivo de esta zona.

Los cuatro capitulo que integran e integrales de este libro tratan de facilitar y mejorar los procesos de ventas o análisis informáticos y administrativos para que los empresarios o estudiantes les ayude a comprender como es el comportamiento en la zona sur en los negocios.

Se trata de presentar una visión general de las siguientes áreas: Mercadotecnia, Estrategias, Empresas, Servicios profesionales u outsourcing.

Este tipo de trabajos de investigación se han podido realizar ya que la Universidad Autónoma de Tamaulipas Campus Sur, cuenta con convenios con el sector productivo en donde a través del cuerpo académico de Mercadotecnia y Competitividad ha podido participar y de ahí el resultado de este tipo de trabajos en colaboración con las empresas de la zona.

Atentamente.
Los Compiladores

Capítulo 1.
Estrategias de marketing aplicadas en la Cámara Nacional de Comercio de Tampico para la captación de socios.

Nora Hilda González Durán
Juan Carlos Guzmán García
Julio Cesar Barrientos Cisneros
Norma Angelica Vázquez Pimienta

CAPITULO 1. Estrategias de Marketing aplicadas en la Cámara Nacional de Comercio de Tampico para la afiliación de socios.

INTRODUCCION

En estos tiempos las empresas pequeñas o medianas no cuenta con apoyos o asesorías financieras, mercadotecnia, capacitación de recurso humano, etc. por parte de una cámara o asociación ya que los empresarios o propietarios de negocios no conocen lo que realmente es una administración o profesionalización en los negocios o que es hablar de mercadotecnia. En esta confusión que se ha dado, han demostrado a través de sus resultados la forma equivocada de dirigir su empresa se centran en otras áreas y se olvidan de profesionalizar su empresa pero cuando se presentan situaciones en la empresa como: baja productividad, diseños obsoletos, productos fuera de temporada, innovación nula, deficiente atención al cliente, descontrol en los inventarios, administración sin respuesta inmediata etc. Esto genera insatisfacción en el cliente y como resultado se refleja en los bajos ingresos o ventas, lo cual genera perdidas en la empresa y sobreviven dentro de un mercado competitivo.

Es por ello que muchas veces las empresas tienen un ciclo de vida corto considerándolo de 5 años, ante esto es imprescindible que los propietarios de negocios o dueños se les enseñe estrategias de marketing y buscar la profesionalización de la empresa a través de la inteligencia competitiva no solo para que conozcan conceptos sino para la aplicación y diseño de estrategias en donde al final es cumplir con un solo objetivo crear fidelidad a su cliente, atraer nuevos clientes y generar un cultura empresarial.

Antecedentes

Según Juan Chunga (2006), haciendo un retraso en el tiempo, aproximadamente 4000 a.C. referente a lo que marcan documentos hallados en Irán, Irak y Siria, revelan que ya existía una oficina que al parecer fungía como centro de organización de los comerciantes de la época cuya finalidad era poder promover y defender sus propios derechos como tales.

Esto demuestra que no solo la actividad comercial era lo que le interesaba a cada persona que ejercía el comercio, sino que además existía una gran preocupación por organizarse e impulsar sus negocios a través de un organismo representativo, lo que en la actualidad se traduciría a lo que es la Cámara de Comercio como Asociación o Institución que a nivel local, provincial, nacional o internacional, agrupa a los comerciantes (sean importadores, exportadores, industriales, mayorista, minoristas, etc.) con el objeto de proteger sus intereses, mejorar sus actividades comerciales sobre la base de la mutua cooperación y promover su prosperidad, así como también la de la comunidad en la cual se haya asentada.

Actualmente no solo las cámaras fungen como organismos intermediarios o redes productivas, si no también existen comités, organizaciones y entes públicos y privados que sirven como órganos reguladores entre empresas, clientes y gobierno además de brindar apoyo entre los mismos.

La Cámara Nacional de Comercio Servicios y Turismos de Tampico, juega un papel importante en las actividades comerciales y turísticas dentro de la zona Tampiqueña, el cual está delimitado por los sectores comerciales, de servicios e industriales y su propósito es simplificar los procesos jurídicos y trámites legales, recolectar información y estadísticas útiles para los miembros, así como también incrementar la productividad entre sus afiliados para generar derrama económica en la región.

Desde el 2012 existen miles de Cámaras de Comercio alrededor del mundo, por lo cual en México representa el organismo empresarial más grande y antiguo que existe.

La presente investigación surge con el propósito de elaborar y analizar una serie de pasos y estrategias para lograr una mayor captación de afiliados en la Cámara Nacional de Comercio, Servicios y Turismo de Tampico, así también para las empresas afiliadas a ella.

Toda empresa diseña estrategias para el logro de sus objetivos y metas planteadas, estas estrategias pueden ser a corto, mediano y largo plazo, según la amplitud y magnitud de la empresa.

También es importante señalar que la empresa debe precisar con exactitud y cuidado la misión por la cual será orientada, la misión es fundamental, ya que esta representa las funciones operativas que va a ejecutar en el mercado y va a suministrar a los consumidores.

Problemática planteada

En la actualidad ha surgido considerable un número de empresas afiliadas a la Cámara Nacional de Comercio Servicios y Turismo de Tampico (Canaco), por lo cual nos vemos en la necesidad de analizar a las empresas su profesionalización pero nos hemos encontrado que muchas de ellas han preferido ya no estar afiliadas en la Canaco esto se ha dado a la contracción económica de la región y que este tipo de egresos los consideran gastos para la organización y no lo ven como una inversión en donde tendrán información actualizada que pueda apoyar a su toma de decisión dentro de la organización.

3

En efecto para considerar lo anterior, es necesario que la Cámara Nacional de Comercio Servicios y Turismo de Tampico tome las medidas correctivas para captar un mayor número de empresas basándose en el Análisis de los factores internos y externos que pueden relacionarse con este suceso.

Por tanto es indispensable elaborar un plan estratégico de mercadotecnia para incrementar la captación de clientes potenciales. Así como el desarrollo de un instrumento que nos ayude al análisis de las empresas que también requieran de mercadotecnia.

Objetivos de la Investigación

Objetivo General

Analizar las estrategias de Marketing en la Cámara Nacional de Comercio Servicios y Turismo de Tampico y empresas afiliadas.

Objetivos Específicos

1. Analizar las estrategias que utiliza la Cámara Nacional de Comercio Servicios y Turismo de Tampico, para la prospección de clientes.
2. Identificar los factores externos por los cuales los clientes potenciales no se encuentran afiliados en dicho organismo.
3. Diseñar un conjunto de estrategias de mercadotecnia para incrementar el número de afiliados.
4. Analizar que empresas afiliadas realizan mercadotecnia o cuentan con un plan estratégico de marketing.

Actualmente la Cámara Nacional de Comercio Servicios y Turismo de Tampico esta erróneamente considerada como un organismo gubernamental por parte de las empresas, lo que para ellos se traduce en un servicio burocrático.

La elaboración de un plan estratégico de mercadotecnia, relaciona a las 4 P's de la mercadotecnia: producto, precio plaza y promoción, con las actividades y características de la empresa, esto con el fin sobrepasar el punto de equilibrio y generar rentabilidad después de un periodo de tiempo.

El plan estratégico de mercadotecnia según Philip Moler (1993) representa las siguientes ventajas:

- Se estimula el pensamiento sistemático de la gerencia de marketing.
- Ayuda a una mejor coordinación de todas las actividades de la empresa.
- Orienta a la organización sobre los objetivos, políticas y estrategias que se deberán llevar a cabo.
- Evita que existan desarrollos sorpresivos dentro de las actividades de toda la empresa.
- Contribuye a que haya mayor participación de los ejecutivos, al interrelacionar sus responsabilidades conforme cambien los proyectos de la empresa y el escenario en que se desenvuelve.

El propósito de esta investigación es beneficiar a la Cámara Nacional de Comercio Servicios y Turismo de Tampico generando un incremento en la captación de empresas, especialmente las que se encuentran en actividad industrial, pero sin hacer a un lado las empresas de clase comercial y de servicios.

El beneficio directo es para la Cámara, ya que una mayor captación de empresas genera un incremento de ingresos, lo cual se refleja en las" utilidades para la organización que depende completamente de la aportación de los miembros que se encuentran afiliados.

El beneficio indirecto corresponde a las demás empresas que se encuentran afiliadas a dicho organismo ya que adjunta la negociación e intercambio de bienes entre las mismas.

Delimitación de la investigación

- Dicha investigación se realizará en la ciudad y puerto de Tampico, Tamaulipas, México.
- La información de las empresas afiliadas, la clasificación de las mismas así
- como los prototipos publicitarios que actualmente utilizan serán otorgados por la Cámara Nacional de Comercio Servicios y Turismo de Tampico.

ENFOQUE HISTORICO

En el siguiente apartado se mostrarán los datos históricos de la Cámara Nacional de Comercio Servicios y Turismo de Tampico es decir, toda la información relacionada desde su planeación hasta su fundación, posteriormente se describirán los fundamentos teóricos para el desarrollo del Plan Estratégico de Mercadotecnia.

Cámara Nacional de Comercio Servicios
y Turismo de Tampico

Reseña Histórica

De acuerdo a lo que se señala la página web de la CANACO Tampico (2012), el 12 de Junio de 1908 el gobierno promulgo una ley para organizar a todas las cámaras del país existentes y llamándoles "Nacional"

Así la antigua cámara de comercio de Tampico a Cámara Nacional de Comercio de Tampico.

La actual cámara de comercio es fundada el 21 de Octubre de 1909 bajo este nuevo esquema, siendo la primera en reorganizarse en el estado y el número 12 en todo el país.

El antecedente más antiguo que se tiene de una organización de comerciantes en el puerto se dio precisamente en la fundación de la ciudad en el año de 1823.

"Así es, Tampico es fundado por el comercio"

En 1824 los comerciantes organizados lograron que a tan solo un año les fuera otorgado el estatus de puerto.

Para el año de 1857 los comerciantes de Tampico se habían organizado en una lonja mercantil conformada por una mesa directiva y 120 socios. Hacia finales de 1800's los comerciantes tenían una cámara de comercio que funciono hasta el 21 de Octubre de 1909 en que aparece la nueva cámara con las disposiciones del 12 de Junio de 1908.

Las comunicaciones hacia finales del siglo XIX eran deficientes y no existían carreteras ni ferrocarril y fue gracias a las gestiones de los comerciantes que se tendió una línea férrea hacia San Luis Potosí y una a Monterrey hacia 1890.

Los comerciantes necesitaban importar, exportar y trasladar sus mercancías y la ciudad empezó a transformarse, pero lo que cambió radicalmente la vida del puerto fue el descubrimiento de los pozos petroleros en el Ébano, San Luis Potosí empezando la época del oro negro.

El crecimiento de la ciudad atrajo a otros comerciantes y así es como se fundan grandes empresas, algunas de las cuales todavía existen hasta nuestros días.

Como es el caso de droguería y farmacias "El fénix", las novedades, compañía marítima verbas y algunas otras que ya no existen como lo fueron "Joyería el Rubí", Casa Nicanor, La Fama, Casa Pro Sucres, o como otras que estuvieron en Tampico y se fueron a otras ciudades como fue el caso de Samborn's que tenía domicilio en la calle de comercio hoy llamada Salvador Díaz Mirón.

El crecimiento de la ciudad y las actividades comerciales hicieron que Tampico se convirtiera en el segundo puerto de México al poco tiempo. La aviación hizo su aparición y para 1924 teníamos la primera línea aérea comercia con la empresa Mexicana de Aviación. En 1926 surgió una de las empresas más grandes en la zona con la embotelladora Coca Cola.

Conceptos relevantes del Plan Estratégico de Mercadotecnia

El desarrollo de la presente investigación parte del supuesto de que el lector conoce los términos básicos de mercadotecnia (marketing) utilizados en el desarrollo del trabajo.

Aunado a lo anterior, se desarrollan los puntos esenciales del planteamiento de este trabajo, y la descripción de los procesos para la elaboración del objetivo general.

Como primer paso se enuncian los conceptos más relevantes de la investigación.

Posteriormente se desarrolla el tema de plan estratégico de mercadotecnia, se mencionan los factores de los que depende un plan estratégico, la descripción de los procesos que se utilizan, los principios más importantes, los tipos de planeación estratégica que se pueden utilizar, y los medios publicitarios mas eficaces para el desarrollo de este proceso.

- *Mercadotecnia*

Para la American Marketing Asociation (2011) la mercadotecnia es una función de la organización y un conjunto de procesos para crear, comunicar y entregar valor a los clientes, por lo cual es necesario para manejar las relaciones con estos últimos, de manera que beneficien a toda la organización.

En el libro "Dirección de Mercadotecnia" se menciona lo siguiente:

"la mercadotecnia es un proceso social y administrativo mediante el cual grupos e individuos obtienen lo que necesitan y desean a través de generar, ofrecer e intercambiar productos de valor con sus semejantes". (Kotler, Philip 1993:13)

Para Jerome McCarthy (1960) la mercadotecnia, es la realización de aquellas actividades que tienen por objeto cumplir las metas de una organización, al anticiparse a los requerimientos del consumidor o cliente y al encauzar un flujo de mercancías aptas a las necesidades y los servicios que el productor presta al consumidor o cliente.

Para John A. Howard (1996), de la Universidad de Columbia, la mercadotecnia es el proceso de:

1. Identificar las necesidades del consumidor.
2. Conceptualizar tales necesidades en función de la capacidad de la empresa para producir.
3. Comunicar dicha conceptualización a quienes tienen la capacidad de toma de decisiones en la empresa.
4. Conceptualizar la producción obtenida en función de las necesidades previamente identificadas del consumidor.
5. Comunicar dicha conceptualización al consumidor

Para los consultores Al Ries y Jack Trout (2006), autores del libro "La guerra del marketing": El término mercadotecnia significa "guerra". Ambos consultores, consideran que una empresa debe orientarse al competidor; es decir, dedicar mucho más tiempo al análisis de cada "participante" en el mercado, exponiendo una lista de debilidades y fuerzas competitivas, así como un plan de acción para explotarlas y defenderse de ellas.

Según Edward Dubby y David Reuzan (1979) mercadotecnia es el proceso económico por el cual los bienes y servicios se pueden intercambian lo que radica en determinar sus valores en términos de precios monetarios.

En uno de los artículos de la American Marketing Asociation (2011) se menciona lo siguiente:

> "mercadotecnia es la función que, a través de sus estudios e investigaciones, establecerá para el ingeniero, diseñador y el hombre de producción, que se lo que el cliente desea en un producto determinado, que precio está dispuesto a pagar por él y donde y cuando lo necesitara". (Druker, Petter F. 1979:11).

La mercadotecnia es "la creación y suministro de un nivel de vida a la sociedad" (Manzur, Paul 1979).

Por lo cual concluimos que la mercadotecnia es un proceso de intercambio de bienes o productos donde intervienen dos o más individuos que buscan el beneficio mutuo en un entorno especifico.

- *Planeación*

Prospero Silvestre García (2009) en su articulo "Planeación estratégica de mercadotecnia, tipos de planeación" define a la planeación como la determinación de objetivos y la elección de los cursos de acción para lograrlos con base en investigación lo que se refleja en la elaboración de un esquema detallado que habrá de realizarse en el futuro.

Además menciona los siguientes principios:

Los principios de la administración son verdades fundamentales de aplicación general que sirven como guías de conducta a observarse en la acción administrativa.

Por tanto, para planear eficientemente, es necesario tomar en cuenta los siguientes principios:

1. Factibilidad. Lo que se planee debe ser realizable; es inoperante elaborar planes demasiado ambiciosos u optimistas que sean imposibles de lograrse. La planeación debe adaptarse a la realidad ya las condiciones objetivas que actúan en el medio ambiente.
2. Objetividad y cuantificación. Cuando se planea es necesario basarse en datos reales, razonamientos precisos y exactos, y nunca en opiniones subjetivas, especulaciones, o cálculos arbitrarios. Este principio, conocido también como el principio de Precisión, establece la necesidad de utilizar datos objetivos tales como estadísticas, estudios de mercado, estudios de factibilidad, cálculos probabilísticos, modelos matemáticos y datos numéricos, al elaborar planes para reducir al mínimo los riesgos.
3. Flexibilidad. Al elaborar un plan, es conveniente establecer márgenes de holgura que permitan afrontar situaciones imprevistas, y que proporcionen nuevos cursos de acción que se ajusten fácilmente a las condiciones. El no establecer "colchones de seguridad" puede ocasionar resultados desastrosos.
4. Unidad. Todos los planes específicos de la empresa deben integrarse a un plan general, y dirigirse al logro de los propósitos y objetivos generales, de tal manera que sean consistentes en cuanto a su enfoque, y

armónicos en cuanto al equilibrio e interrelación que debe existir entre éstos.

5. Del cambio de estrategias. Cuando un plan se extiende en relación al tiempo (largo plazo), será necesario rehacerlo completamente. Esto no quiere decir que se abandonen los propósitos, sino que la empresa tendrá que modificar los cursos de acción (estrategias), y consecuentemente las políticas, programas, procedimientos y presupuestos

* Plan estratégico de mercadotecnia

Para W.Y. Pride, (1995), un plan de mercadotecnia sirve a un gran número de propósitos:

✓ Ofrece un mapa general para la implementación de estrategias y el logro de objetivos.
✓ Ayuda en el control administrativo y monitoreo de la implementación de la estrategia.
✓ Informa a los nuevos participantes de su rol o función.
✓ Especifica cuantos recursos van a ser destinados.
✓ Estimula el pensamiento y el mejor uso de los recursos.
✓ Asigna responsabilidades, tareas y tiempos.
✓ Logra que los participantes estén al tanto de los problemas, oportunidades y amenazas.

De acuerdo con J.Y. Evans, (1990), los planes de mercadotecnia pueden ser categorizados por duración, amplitud, alcance y método de desarrollo. La planeación de mercadotecnia es la base de todas las estrategias y decisiones de mercadotecnia. Todos los elementos como líneas de productos, canales de distribución, comunicación de marketing y fijación de precios están delineados en el plan de mercadotecnia.

La Planeación Estratégica constituye un sistema gerencial que desplaza el énfasis en el "qué lograr" (objetivos) al "qué hacer" (estrategias). Con la Planeación Estratégica se busca concentrarse en aquellos objetivos factibles de lograr y en qué negocio o área competir, en correspondencia con las oportunidades y amenazas que ofrece el entorno.

La esencia de la planeación estratégica consiste en la identificación sistemática de las oportunidades y peligros que surgen en el futuro, los cuales combinados con otros datos importantes proporcionan la base para que una empresa tome mejores decisiones en el presente para explotar las oportunidades y evitar los peligros.

Jean Paul Sallenave (1991), afirma que la planeación estratégica es el proceso por el cual los dirigentes ordenan sus objetivos y sus acciones en el tiempo por lo cual no es un dominio de la alta gerencia, sino un proceso de comunicación y de determinación de decisiones en el cual intervienen todos los niveles estratégicos de la empresa.

La Planeación Estratégica tiene por finalidad producir cambios profundos en los mercados de la organización y en la cultura interna.

La planeación estratégica exige cuatro fases bien definidas: formulación de misión, objetivos organizacionales; análisis de las fortalezas y limitaciones de la empresa; análisis del entorno; formulación de estrategias.

El plan de mercadotecnia es una herramienta de gestión por la que se determina los pasos a seguir, las metodologías y tiempos para alcanzar unos objetivos. Así tenemos que el Plan de mercadotecnia forma parte de la planeación estratégica de una compañía.

No se debe olvidar que no debe ser una actividad aislada, sino, por el contrario debe estar perfectamente unida al resto de departamentos de la empresa (Finanzas, producción, calidad, personal etc.)

El plan de mercadotecnia es una herramienta que permite marcar el camino para llegar a un lugar concreto. Difícilmente podremos elaborarlo si no sabemos dónde nos encontramos y a dónde queremos ir.....

Este es, por lo tanto, el punto de partida.

Se debe preguntar:

- ¿Dónde está la empresa en estos momentos?
- ¿A dónde se va?
- ¿A dónde se quiere ir?

En términos generales, se habla de un documento escrito que incluye una estructura compuesta por:

1. Un análisis de la situación
2. Los objetivos de la mercadotecnia
3. El posicionamiento y la ventaja diferencial
4. La descripción de los mercados meta hacia los que se dirigirán los programas de mercadotecnia
5. El diseño de la mezcla de mercadotecnia
6. Los instrumentos que permitirán la evaluación y control constante de cada operación planificada.

El plan estratégico de mercadotecnia se elabora luego del plan estratégico de la empresa, como respuesta a un requerimiento de la administración por disponer de planes para cada área funcional importante, como producción, recursos humanos, marketing, etc.

- Ventajas del plan estratégico de mercadotecnia

Según los autores Laura Fischer y Jorge Espejo (2004), existen al menos cinco ventajas que resultan de la planeación:

- Se estimula el pensamiento sistemático de la gerencia de marketing.
- Ayuda a una mejor coordinación de todas las actividades de la empresa.
- Brinda orientación a la organización sobre los objetivos, políticas y estrategias que se deberán llevar a cabo.
- Evita que existan desarrollos sorpresivos dentro de las actividades de toda la empresa que puedan afectarla.
- Contribuye a que haya mayor participación de los ejecutivos, al interrelacionar sus responsabilidades conforme cambien los proyectos de la empresa y el escenario en que se desenvuelve.
- Cobertura del Plan Estratégico de Mercadotecnia

Según William Stanton, Michael Etzel y Bruce Walter (2007), a diferencia del Plan Anual de Marketing que se suele elaborar para cada marca, división, mercados meta importantes y/o temporadas específicas, el plan estratégico de marketing se elabora para toda la compañía.

- Alcance del Plan Estratégico de Mercadotecnia

Laura Fischer et. al. (2004), en su libro Mercadotecnia, mencionan que el plan estratégico de mercadotecnia se caracteriza por ser un plan a largo plazo, del cual, se parte para definir las metas a corto plazo. Por ejemplo, los gerentes de marketing elaboran un plan estratégico de marketing para tres o cinco años y luego, elaboran un plan anual de marketing para un año en concreto.

Cabe señalar, que el plan a cinco o tres años se analiza y revisa cada año debido a que el ambiente cambia con rapidez.

- *El contenido del Plan Estratégico de Mercadotecnia*

Como ya mencionaban William Stanton, et. al. (2007), el plan estratégico de marketing es un documento escrito que incluye una estructura de seis puntos muy importantes (los cuales son adaptados a las necesidades de cada empresa u organización):

1. Análisis de la Situación (Diagnóstico incluir en esta parte un análisis FODA (Fortalezas, Oportunidades, Debilidades y Amenazas).
2. Objetivos de Marketing
3. Posicionamiento y Ventaja Diferencial
4. Mercado Meta y Demanda del Mercado
5. Mezcla de Marketing
6. Evaluación de resultados o control

METODOLOGÍA

- Enfoque de la Investigación

Sin lugar a dudas como menciona Rudy Mendoza P. (2006) en su articulo "Investigación Cualitativa y Cuantitativa, diferencias y limitaciones" la investigación es un proceso riguroso, cuidadoso y sistematizado en el que se busca resolver problemas, bien sea de vacío de conocimiento (investigación científica) o de gerencia, pero en ambos casos es organizado y garantiza la producción de conocimiento o de alternativas de solución viables.

De tal manera para definir a la investigación científica se adjunta lo siguiente:

"la investigación es un proceso que, mediante la aplicación del método científico, procura obtener información relevante y fidedigna (digna de fe y crédito), para entender, verificar, corregir o aplicar el conocimiento"(Tamayo, Mario 2003:37).

Por tanto sintetizando la idea de Rudy Mendoza P. (2006) para obtener algún resultado de manera clara y precisa es necesario aplicar algún tipo de investigación; la investigación esta muy ligada a los seres humanos, esta posee una serie de pasos para lograr el objetivo planteado o para llegar a la información solicitada.

La investigación tiene como base el método científico y este es el método de estudio sistemático de la naturaleza que incluye las técnicas de observación, reglas para el razonamiento y la predicción, ideas sobre la experimentación planificada y los modos de comunicar los resultados experimentales y teóricos.

Además, la investigación posee una serie de características que ayudan al investigador a regirse de manera eficaz en la misma. La investigación es tan compacta que posee formas, elementos, procesos, diferentes tipos, entre otros.

Para dar paso a la aplicación de la metodología, se deben conocer las características de la metodología cualitativa y cuantitativa.

- Tipo de Investigación

En base a la categoría del estudio planteado en la investigación y el método que se utilizara para una mayor eficiencia en el trabajo ligado al desarrollo de un plan estratégico de mercadotecnia, es adecuado realizar una investigación de tipo descriptiva.

> "la investigación descriptiva "es el tipo de investigación concluyente que tiene como objetivo principal la descripción de algo, generalmente las características o funciones del problema en cuestión" (Malhotra, Naresh 1997:90)"

Como menciona Tevni Grajales (2000) en su artículo "Tipos de Investigación" los estudios descriptivos buscan desarrollar una imagen o fiel representación (descripción) del fenómeno estudiado a partir de sus características. Describir en este caso es sinónimo de medir. Se miden variables o conceptos con el fin de especificar las propiedades importantes de comunidades, personas, grupos o fenómeno bajo análisis. El énfasis se encuentra en el estudio independiente de cada característica, por lo cual es posible que de alguna manera se integren las mediciones de dos o más características con el fin de determinar cómo es o cómo se manifiesta el fenómeno. Pero en ningún momento se pretende establecer la forma de relación entre estas características. En algunos casos los resultados pueden ser usados para predecir.

Por tanto el propósito de esta investigación es especificar detalles y características del sistema que se utiliza para la captación de empresa, y conocer las percepciones de las organizaciones que no se encuentran afiliadas a la CANACO Tampico, por lo cual se buscara hacer el análisis de los factores internos de la organización y las entrevistas y encuestas al área externa.

• *Método*

Para la presente investigación se ha decidido seguir el método deductivo, caracterizado por un modelo llamado Briefing, ya que analizara el proceso para la captación de clientes potenciales, así como las características de la organización.

Es por esto que se llevara a cabo un análisis interno de las estrategias que utiliza la Cámara Nacional de Comercio Servicios y Turismo de Tampico para la prospección de clientes. Y un análisis externo como parte del mismo proceso para la detección de áreas de oportunidad mediante la opinión de las empresas no afiliadas.

Se seguirá la siguiente serie de pasos requeridos para la realización de esta investigación:

- Descripción de los Antecedentes históricos de la empresa.
- Análisis de la documentación preexistente.
- Definición del mercado total; Tamaño del mercado y la competencia directa e indirecta.
- Definición del mercado específico: Competencia directa.
- Análisis de la situación actual y real de la empresa y la marca: Imagen de marca e imagen de marca ideal, Posicionamiento.
- Análisis del producto:
- Análisis del precio:
- Análisis del packaging: Colores, identificación, logo.
- Análisis de la Competencia:
- Identificación del canal de distribución:
- Identificación del Consumidor:
- Identificación del Público objetivo:
- Identificación del Público potencial.
- Búsqueda de las tendencias del mercado
- Identificación de los objetivos de marketing.
- Presentación de las propuestas.
- Calculo del monto a invertir.
- Establecimiento de Tiempos
- *Población y Muestra*

Se considerara como población a las empresas que no se encuentran afiliadas a la Cámara Nacional de Comercio Servicios y Turismo de Tampico, pero que se mantienen registradas en el Sistema Empresarial de Información Mexicana, tomando en cuenta que son a las que se aplicara la investigación cuantitativa. De acuerdo a la base de datos de las empresas que radican en este sector son 7877 empresas.

De acuerdo a la naturaleza del estudio de investigación, se llevará a cabo un muestreo probabilístico por conglomerados; al ser las unidades de análisis, series estadísticamente diferentes, sometiéndose a cada una de estas a un tratamiento maestral o censal según corresponda.

Cabe señalar que dicho proceso, será solamente aplicado al área cuantitativa, que corresponde a las empresas que no se encuentran dentro de la lista de afiliados de la CANACO Tampico y que se busca conocer las percepciones de los 3 tipos de empresa: industrial, comercial y de servicios.

Por lo tanto, a las tres unidades de análisis aplicara un muestreo aleatorio estratificado sin remplazo.

Muestreo aleatorio estratificado sin remplazo

- Empresas del sector industrial
- Empresas del sector comercial
- Empresas del sector de servicios

Según Naresh Malhotra (2004), las muestras correspondientes a las unidades de análisis estarán dadas por la fórmula del muestreo aleatorio simple sin remplazo de población finita:

$$n = \frac{Z^2 * N * \sigma^2}{(X - \mu)^2 * (N - 1) + Z^2 * \sigma^2}$$

• **Técnica de Recolección de Datos**

La Técnica a utilizar para recolectar los datos en el área interna de la empresa será la Observación directa cualitativa, ya que describe y explora cualidades del proceso.

Para la parte externa será la entrevista guiada por un cuestionario. Este cuestionario será aplicado a las empresas que no se encuentran afiliadas a la CANACO Tampico, para conocer la perspectiva que se tiene de la Institución y plantear propuestas de solución.

- **Instrumento de Medición**

Según Juan Castañeda Jimenez (1995), los instrumentos de medición son las herramientas que se utilizan para llevar a cabo las observaciones. De acuerdo a lo que se desea estudiar, la característica a observar, sus propiedades y factores relacionados como el ambiente, los recursos humanos y económicos, etcétera, es que se escoge uno de estos instrumentos.

Para la presente investigación es necesario considerar básicamente tres: la observación, la encuesta (que utiliza cuestionarios) y la entrevista.

ANALISIS DE LOS RESULTADOS

Actualmente el mercado meta para la CANACO Tampico son las micro, pequeñas, medianas y grandes empresas, en la zona de Tampico, Madero y Altamira pero se concentra en la Ciudad de Tampico ya que antes las ciudades mencionadas cuentan con su porpia camara.

Para hacer un análisis de la captación de nuevos clientes se realizo una encuesta para la parte externa (clientes Prospectados), descrita de la siguiente manera:

1. En donde se les preguntaba de la existencia de la CANACO Tampico y la forma de cómo sabían de su existencia a través de que medio de difusión.
2. Que tipo de órgano era: gubernamental o privado
3. Beneficios que ofrece y su objetivo como cámara.

Al hacer el análisis de la investigación se da como resultado que el 70% de la población encuestada siendo 787 empresas tenían el desconocimiento sobre la Canaco como una empresa privada ya que ellos consideraban era un organismo gubernamental, así como los servicios que ofrece era solo para ciertas empresas que estas eran afiliadas a la misma.

Podríamos concluir que dentro de la investigación que se realizo las empresas consideraron lo siguiente:

- La cámara de comercio es conocida por el 70% de los encuestados
- La mayoría de la población se entera por otros medios (recomendaciones o noticias)
- El 91% de los encuestados consideran a la Canaco de Tampico como un organismo gubernamental.
- El 80% no conoce los beneficios que otorga la Canaco Tampico
- El 60% de los encuestados mostraron interés por asistir a una sesión informativa.

Al ver los resultados arrojados por dicho análisis se dio a la tarea de la elaboración de hacer Marketing para la CANACO de Tampico, así el realizar un plan en donde se buscaría posesionar a la empresa en otras ramas para ser considerada como su cámara de afiliación.

Para la estratificación del plan de marketing, hemos concebido un conjunto de estrategias formuladas por la necesidad de la empresa, las necesidades de los clientes, del mercado y basadas en movimientos y técnicas actualizadas en el área de marketing y sistemas de información.

Entre las cuales se encuentran:

- Estrategias BTL
- Movimientos multinivel

- Redes sociales
- Paginas web interactivas
- Experiencias propias (Relaciones Publicas)
- Marketing Azul

Experiencia CANACO: Consiste en entrevistar a empresarios que han hecho crecer su negocio gracias al asesoramiento, oportunidades y beneficios que consiguieron a través de la Canaco Tampico, plasmando esta experiencia de una manera breve en los folletos informativos, en espectaculares, paradas de autobús, paginas web, etc.

Publicidad BTL Imagina el éxito CANACO Tampico el vinculo que necesitas: Consiste en desarrollar un anuncio tipo grafico el cual se pueda distribuir en ciertas paradas de autobuses, con la idea de colorar una imagen de un empresario, en un negocio rentable y en el ambiente ideal de un prototipo de persona poderosa, feliz y exitosa.

Inclusión de Redes Sociales: Consistiría en realizar un registro en las redes como Facebook, Linkendl, Twitter.

Implementación de ferias y Expos: Se propone la creación de una feria, debido a que el 80% de los afiliados a la CANACO Tampico son pertenecientes a este ramo, haciendo así que estos se vean beneficiados en el incremento de sus ventas ya que este es uno de los objetivos primordiales de la canaco la busque dad de beneficios a sus afiliados.

Al final de la implementación y realización de hacer Marketing para la Canaco Tampico se cumple con los objetivos establecidos en la investigación:

- Incrementar el numero de afiliados
- Generar mayor utilidades en la empresa
- Conocer el panorama actual de la empresa
- Proponer un conjunto de estrategias para beneficio de la cámara y sus afiliadas.

Referencias Bibliograficas.

Aguilar Alvarez de Alba, A. (1985). Elementos de la mercadotecnia. Editorial CECSA. Mexico.

Al Ries y Jack Trout (2006). La guerra de la mercadotecnia. 4ª Edición. Mc Graw Hill. México.

Alvira Martín, Francisco. (2002). Perspectiva cualitativa / perspectiva cuantitativa en la metodología sociológica. 2ª Edición. Mc Graw Hill. México.

American Marketing Asociation (Febrero 2011). Sección Dictionary of Marketing Terms, EE.UU.,. Consultado el 20 de Marzo del 2012. [http://www.marketingpower.com/].

Bengoechea, B. P. (2003). Diccionario de Marketing, 1ª Edición. Editorial Cultural S.A.,.España.

Cámara Nacional de Comercio Servicios y Turismo de Tampico. (2012). Página oficial. Consultado el 17 de marzo del 2012. [http://www.canacotampico.org.mx/]

Castañeda Jimenez, Juan (1995). Metodos de Investigación. 1ª Ediciion. Mc Graw Hill. México

Chunga Espinoza, Juan (2006), consultado el 12 de Marzo del 2012. [http://www.monografias.com/trabajos28/camara-comercio/camara-comercio.shtml].

De la Rosa, Edelmira G. (1995).Universidad Politecnica de Madrid. España.

Evans, J.Y. (1990). Marketing. 4ª Edición. Mc Millan. EE.UU.

Fischer, Laura; Espejo, Jorge (2004) Mercadotecnia, 3ª Edición. Mc Graw Hill. México.

García, Prospero Silvestre (2009). Planeación estratégica de mercadotecnia, tipos de planeación. Consultado el 22 de Marzo del 2012. [http://www.monografias.com/trabajos16/planeacion-mercadotecnia/planeacion-mercadotecnia.shtml]

Hiebaum, Karin (2004), Consultado el 15 de Marzo del 2012. [http://www.gestiopolis.com/recursos2/documentos/fulldocs/mar/planmktkarim.htm].

Jeffrey Sussman, P. H. (2005). El poder de la promocion. 1ª Edición Hispanoamerica. Prentice Hall. Mexico.

Kotler, c. G. (1993). Direccion de Marketing, 7ª Edición.: Prentice-Hall. México.

Kotler, P. (1991). Fudamentos de Mercadotecnia, 3ª Edición. Prentice-Hall. Mexico.

Kotler, Philip (1996). Dirección de Mercadotecnia, 8ª Edición, Mc Graw Hill. México.

Larios Osorio, Victor (2010). Del dpto. De matemáticas de la Facultad de Ingeniería de la U.A.Q. México.

Malhotra, Naresh K (2004). Investigación de Mercado. Editorial Pearson Educación. Colección College. Colombia.

Mendoza, Rudy (2006). Investigación cualitativa y cuantitativa, diferencias y limitaciones. Consultado el 02 de Mayo del 2012. [http://www.monografias.com/trabajos38/investigación-cualitativa/investigacion-cualitativa2.shtml]

Moliné, Marçal (2010). La fuerza de la Publicidad. Mc Graw Hill. España

Sallenave Jean Paul (2002). Gerencia y Planeacion Estratégica. Editorial Norma. Colombia.

Tamayo y Tamayo, Mario (2003). El proceso de la Investigación. Lumusina Noriega Editores. México.

Tevni Grajales G. (2000). Tipos de Investigación. Consultado el 02 de Mayo del 2012. [http://www.tgrajales.net]

Thompson, Ivan (Febrero 2006). Plan Estrategico de Mercadotecnia. Consultado el 15 de marzo del 2012. [http://www.marketing-free.com/marketing/plan-estrategico-marketing.html].

Van Dalen, Deobold y Meyer, William (2006). Manual de Técnica de Investigación Educacional. Editores Paidos. Argentina.

W.Y. Pride (1995). Marketing. 9ª Edición. Mifflin. EE.UU.

William Stanton, Michale Etzel y Bruce Walter. (2007). Fundamentos de Marketing. 13ª Edición Interamericana. Mc Graw Hill,. México.

Capítulo 2. Empresas de Transformación y su Profesionalización en el sur de Tamaulipas.

Juan Antonio Olguín Murrieta
Federico Gamboa Soto
Carlos Alfredo Loredo Hernández
Lisset Anel Alba Rocha
Mónica Mongenyip Vela

CAPITULO 2. Empresas de Transformación y su Profesionalización en el sur de Tamaulipas.

ANTECEDENTES

La situación en México, como se menciona en el medio educativo y de investigación que tenemos un atraso de 100 años en el desarrollo de la economía, esto se debe a una dependencia tecnológica exterior por la falta de innovaciones tecnológicas propias y para mencionar algunas cifras; por ejemplo de cuatro millones de empresas de capital mexicano y las más de trescientas Universidades Públicas Mexicanas, no han generado durante el siglo veinte invenciones e innovaciones tecnológicas de relevancia a la elevación del nivel y calidad de vida de los mexicanos, o al fortalecimiento de la autonomía tecnológica y económica del país. (Estrada, 2007)

A través del tiempo, la tecnología ha reducido las barreras para realizar negocios, incrementar ingresos, mejorar procesos e implementar nuevas herramientas dentro de las organizaciones.

Dado el cambio en las reglas del juego, impulsado por el vertiginoso desarrollo de las tecnologías e información y comunicaciones (TIC), que entre otras cosas refuerza al fenómeno creciente de la globalización que es entendida como la apertura progresiva a los intercambios comerciales, financieros y de información en las economías en el nivel mundial, la situación de las empresas industriales en los países en desarrollo atraviesa por una crisis de falta de competitividad frente al embate de las empresas extranjeras cada vez más presentes en dichos países, con sus consecuencias sobre la economía y el desarrollo local (Berumen, 2006).

En un análisis rápido de las empresas pequeñas se observan como las principales fortalezas la flexibilidad —que incluye capacidad para adaptarse a nuevas situaciones la cercanía en el trato con los clientes, la rapidez en la toma de decisiones y la orientación hacia el cliente (Hansen, 2002). En contrapartida, sus principales debilidades son carencia de medios de financiamiento, bajo nivel educativo y recursos de entrenamiento, dependencia de las redes existentes y falta de visión, así como capacidad para innovar.

Existe la creencia general de que el desarrollo tecnológico requiere de grandes equipos, laboratorios y científicos (Gaynor, 1996), lo cual puede ser cierto en el caso de las grandes empresas, pero éstas sólo representan una fracción de los establecimientos industriales. La observación más detenida demuestra que la tecnología, en su sentido amplio, está presente en alguna medida en cualquier empresa por pequeña que ésta sea.

En consecuencia, se tiene un amplio espectro en el nivel o grado de incorporación de tecnología en los diferentes establecimientos industriales, el cual puede ir desde un mínimo —con el empleo de métodos rudimentarios— hasta un máximo —con una tecnología de punta—, tanto en los procesos como en los productos de la industria.

Si bien existen diferentes programas que apoyan a las Micro, Pequeñas y Medianas Empresas (MiPyME), así como a la actividad emprendedora, los efectos de estos no permean a toda la comunidad empresarial de forma equitativa. De acuerdo con cifras del Instituto Nacional de Estadística y Geografía (INEGI), la esperanza de vida promedio de una empresa recien creada en México es de 7.8 años, por lo que es poco probable que llegue a consolidarse en el mercado nacional. Si bien la esperanza de vida depende de diversos factores (marca, calidad de los productos y servicios, cuestiones administrativas, ventas y planeación), debemos reconocer que las MiPyME y los emprendedores se enfrentan a un mercado adverso, pues desde el inicio de sus operaciones deben competir con grandes empresas que cuentan con una mayor solides financiera, así como una compleja estructura tecnológica (caracteristicas que poseen las compañías extranjeras y las grandes empresas, principalmente). (INADEM, 2018)

Dado el entorno económico en el que participan las MiPyME, se vuelve fundamental crear nuevas estrategias y mecanismos de apoyo para este segmento de la iniciativa privada. Es decir, se debe contar con una estrategia que facilite y amplíe la esperanza de vida de las empresas, a la vez que incentive la innovación y que les permita acceder a nuevas oportunidades de negocio. Para lograr esto, es importante que tanto gobierno como las MiPyME, hagan un mayor uso de canales y medios de información, en donde se pueda dar a conocer las herramientas que actualmente existen para detonar las capacidades productivas de las empresas, como los programas de promoción y apoyo con los que cuenta el Gobierno Federal. Este punto se vuelve fundamental si consideramos que el 85.7% de las MiPyME no conocen dichos fondos. (INADEM, 2018)

Cabe recordar que a nivel nacional e internacional se ha confirmado la importancia de las Mipymes de manufactura, pero no por ello siguen existiendo algunas con un sistema retrasado, cabe mencionar que las Mypimes de manufactura son el conjunto de elementos siguientes: instalaciones, materiales, maquinaria y equipo y personal, quienes realizan la transformación mecánica, química o física de un producto o servicio para un propósito y beneficio.

Las Pymes generan 72% del empleo y 52% del Producto Interno Bruto (PIB) del país, detalla Banca Empresarial Banamex. (Hernández, 2013)

Cuando una empresa toma resistencia a implantar nuevas tecnologías en cada uno de sus procesos, aumentan la probabilidad de estancarse y quedarse atrás, sobre todo aquellas en etapa de crecimiento que aún no se encuentran estabilizadas o posicionadas en el mercado.

Dentro de sus limitantes se encuentra la cultura prevalenciente que no visualiza el impacto de sus beneficios. Ya que consideran que la inversión que se realizará es muy elevada y que los beneficios a obtener, serán a largo plazo.

Las Mipymes juegan un papel importante de carácter social, tanto por su función creadora de fuentes de empleo y como amortiguadoras del fuerte golpe del desempleo, siendo un instrumento estabilizador al brindar la oportunidad de dar empleo a personas semi o escasamente calificados, dependiendo del grado de tecnología empleada en las mismas.

Problemática

El desarrollo de productos es una tarea vital y estratégica para cualquier organización, y parte del hecho de que todo producto tiene un ciclo de vida. Si la empresa no reemplaza con nuevos productos o a aquellos que llegan a su etapa de retiro, dejará de ser rentable y perderá su razón de ser. (Lerma, 2010)

Por lo tanto, adoptar nuevas tecnologías y equipos en las microempresas, puede ayudar a reducir costos, facilitando la productividad, creación de nuevos productos y por añadidura contribuye a entrar a nuevos mercados.

Los microempresarios en la mayoría de los casos, no cuentan con el conocimiento necesario para poder explotar, desarrollar, potencializar y financiar sus propios negocios. Ya que vienen desempeñando sus actividades productivas de manera tradicional, de conocimiento trasmitido de generación en generación o porque así les funciono al principio y desean mantener ese sistema.

Para la adopción adecuada de tecnología de información en las PYMES, es importante analizar los flujos de liquidez futuros y los costos de oportunidad asociados a la adopción (Chang & Hung, 2006). Ante esta importante decisión, Garrido (2003, p. 115) sostiene, que el factor clave consistirá en determinar la tecnología apropiada, económica y culturalmente, con relación a los recursos disponibles de la empresa.

De acuerdo con datos de ProMéxico, en el país existen poco más de 4 millones de empresas, de las cuales el 99.8% son pymes, que generan el 52% del producto interno bruto (PIB) y 7 de cada 10 empleos. Dicho en otras palabras, las pequeñas y medianas empresas son el soporte para el desarrollo y crecimiento industrial en México. (Vázquez, 2017)

Por lo que es parte central de la presente investigación, analizar la necesidad de realizar una profesionalización, mediante la implementación de tecnología y equipo para el desarrollo de nuevos productos en las Mipymes localizadas en la zona de Tampico.

Objetivo de Investigación.

Identificar los que delimitan la profesionalización de las microempresas de transformación en el Sur de Tamaulipas.

Justificación

El constante crecimiento económico y poblacional de la zona, ha permitido el incremento en el poder adquisitivo de las personas, por lo que están ávidas por adquirir cosas novedosas y que satisfagan sus gustos y necesidades.

Por ello se desea saber si el invertir en equipo y tecnología por parte de los microempresarios, para expandir sus productos y por añadidura sus negocios, es factible y que alcance tiene. Adicionalmente con el presente estudio podremos saber cuándo o en qué casos es posible realizar la inversión e implementación de tecnología y equipo.

Con lo que al desarrollar la investigación, se generará un conocimiento que se puede dejar al alcance de los empresarios, como una guía para poder realizar las evaluaciones para las implementaciones necesarias en sus empresas.

Las características personales de los directivos de las empresas están fuertemente relacionadas con su actitud hacia la tecnología.

En las Mipymes, estas características influyen aún más ya que el poder de toma de decisiones tiende a concentrarse en la figura del directivo. Las características de personalidad con mayor influencia son el manejo del control, la toma de riesgos y la tolerancia a la ambigüedad o al cambio.

Sin duda, la tecnología puede representar una manera de generar mayor productividad, hacer más efectivos los procesos internos de una empresa y generar oportunidades de negocio. Sin embargo, es necesario que las soluciones estén al alcance de las pymes, no sólo en el sentido de costos, sino en la parte de información e implementación. (Vázquez, 2017).

Delimitaciones

La investigación será desarrollada en la ciudad de Tampico, Tamaulipas.

Se dirige al sector microempresarial, ya que son éstos los que, en la mayoría de los casos, desconocen sobre el tema y son el objeto de estudio de la presente investigación. Siendo microempresas de trasformación considerando: talleres carpinterías, herrería, reposterías o panaderías, casas de costuras o modas.

Enfoque Teórico

Profesionalismo

El término profesionalismo se utiliza para describir a todas aquellas prácticas, comportamientos y actitudes que se rigen por las normas preestablecidas del respeto, la mesura, la objetividad y **la** efectividad en la actividad que se desempeñe. El profesionalismo es la consecuencia directa de ser un profesional, un individuo que tiene una profesión particular y que la ejerce de acuerdo a las pautas socialmente establecidas para la misma.

El profesionalismo sin embargo puede existir en el caso de personas que no cuentan con una profesión legal y oficial pero que aún así demuestran importantes rasgos de respeto, compromiso, entrega y seriedad en aquello que hacen. El profesionalismo es sin dudas uno de los rasgos más buscados a la hora de establecer empleos, pero al mismo tiempo puede llegar a ser difícil de medir en términos cuantitativos (Bembibre, 2010)

El profesionalismo implica un cierto compromiso con la tarea realizar, compromiso que refleja una dedicación que dé lugar a una mejora continua en el servicio. Además puede decirse que el profesionalismo tiene una relación estrecha con la denominada división del trabajo. Esta consiste fundamentalmente en la especialización y cooperación de los trabajadores a partir de diferentes roles cuyo desempeño se conoce mejor (Editorial Definición, 2014).

Las MIPYME en México

De acuerdo con los datos del censo económico 2009 (INEGI 2010), la conformación sectorial de las empresas mexicanas es la siguiente: el 11,70% pertenecen al sector industrial, 49,90% pertenecen al sector comercial y el 37,80% son del sector servicios. Al respecto del sector industrial, se puede ver en el cuadro 2, que el 99,26% son MIPYME las cuales generan el 50,33% del empleo y aportan el 22,89% de la producción.

Cuadro 1. Características del sector Industrial en México

Estratos de personal ocupado		Unidades económicas		Personal ocupado total		Producción bruta total	
		Absoluto	%	Absoluto	%	Absoluto	%
Total		436.851	100,0	4.661.062	100,0	4.876.999.255	100,0
Micro	0 a 2	239.989	54,9	348.733	7,5	27.177.590	0,6
	3 a 5	127.755	29,2	465.599	10,0	44.980.412	0,9
	6 a 10	36.412	8,3	266.381	5,7	42.486.333	0,9
Subtotal Microempresa		404.156	92,52	1.080.713	23,19	114.644.335	2,35
Pequeñas	11 a 15	9.315	2,1	117.544	2,5	31.534.173	0,6
	16 a 20	4.467	1,0	79.313	1,7	28.186.307	0,6
	21 a 30	4.546	1,0	113.007	2,4	52.766.967	1,1
	31 a 50	4.021	0,9	157.333	3,4	86.297.066	1,8
Subtotal Pequeña Empresa		22.349	5,12	467.197	10,02	198.784.513	4,08
Medianas	51 a 100	3.897	0,9	280.135	6,0	218.982.789	4,5
	101 a 250	3.216	0,7	517.772	11,1	583.985.272	12,0
Subtotal Mediana Empresa		7.113	1,63	797.907	17,12	802.968.061	16,46
Total MIPYME		433.618	99,26	2.345.817	50,33	1.116.396.909	22,89
Grandes	251 a 500	1.660	0,4	581.128	12,5	761.813.187	15,6
	501 a 1000	1.014	0,2	711.497	15,3	861.640.227	17,7
	1001 y más	559	0,1	1.022.620	21,9	2.137.148.932	43,8
Subtotal Empresa Grande		3.233	0,74	2.315.245	49,67	3.760.602.346	77

Fuente: Elaboración propia con información basada en censos Económicos 2009(INEGI,2010)

De acuerdo con el INEGI (2011) existen 231 clases de actividad económica en el sector industrial mexicano entre las que destacan la industria alimentaria (33%), la fabricación de productos metálicos (14,7%), las prendas de vestir (7,6%), la fabricación de productos en base a minerales no metálicos (7%), la fabricación de muebles (6,4%), los colchones y persianas (6,2%), la industria de madera (5,1%).

Características de las MIPYMES

De manera general todas las pequeñas y medianas empresas comparten las mismas características como mencionan Nava Vite y Castro Ortega (2002) "realizan actividades económicas referentes a la producción, distribución de bienes y servicios que satisfacen necesidades humanas. Combinan factores de producción a través de los procesos de trabajo, de las relaciones técnicas y sociales de la producción. Planean sus actividades de acuerdo a los objetivos que desean alcanzar.

Son una organización social muy importante que forma parte del ambiente económico y social de un país. Son un instrumento muy importante del proceso de crecimiento y desarrollo económico y social".

En líneas generales se puede decir que las MIPYMES latinoamericanas se caracterizan por una baja intensidad de capital, altas tasas natalidad y mortalidad, presencia de propietarios / socios / familiares como mano de obra, contabilidad no profesionalizada, estructura burocrática mínima, poder centralizado, contratación directa de mano de obra, mano de obra semicalificada o no calificada, bajo nivel de inversión en innovación, dificultades para el acceso a fuentes de financiamiento externos, y finalmente subordinación a las grandes empresas (Kantis, 2004).

Clasificación de las MIPYMES

No existe un índice único, que caracterice la dimensión de la empresa de manera adecuada.

Suelen manejarse un extenso espectro de variables (Garza, 2000; Tunal, 2003; Zevallos, 2003):

a) El número de trabajadores que emplean.
b) Tipo de producto.

c) Tamaño de mercado.
d) Inversión en bienes de producción por persona ocupada.
e) El volumen de producción o de ventas.
f) Valor de producción o de ventas.
g) Trabajo personal de socios o directores.
h) Separación de funciones básicas de producción, personal, financieras y ventas dentro de la empresa.
i) Ubicación o localización.
j) Nivel de tecnología de producción.
k) Orientación de mercados
l) El valor del capital invertido
m) El consumo de energía

La tecnología y equipo, en las micro empresas

Con la llegada de la tecnología a las empresas, éstas encuentran un factor muy importante para lograr mejoras, reduciendo la ventaja de la competencia o logran ventajas competitivas. Si bien es cierto que la tecnología esta accesible para todo tipo de empresa, aprovechar para mantenerlas actualizadas dentro lo posible, para lograr una ventaja competitiva sobre las demás.

Lo que consideramos como tecnología para las microempresas es lo siguiente: computadoras, softwares, redes, sistemas telefónicos, sistemas de contabilidad, sistemas de control de inventario, sistemas de gestión de relación con el cliente.

Lo que consideramos como equipo para las microempresas es lo siguiente: uniformes, teléfonos celulares, automóvil, y toda aquella herramienta necesaria para el desempeño de su trabajo principal.

Existe abundante experiencia empírica que permite afirmar que para innovar una empresa puede considerar las siguientes estrategias: incrementar los ingresos por productos nuevos o mejorados y/ó mejorar la eficiencia operativa a través de cambios en los métodos actuales y la inversión en tecnologías de producción. Fundamentalmente, se puede asegurar que los nuevos productos y procesos pueden ser obtenidos a partir del desarrollo del personal y la adquisición de tecnología clave (Ortíz, 2006)

El mejoramiento a partir de la implementación de tecnología y equipo en las microempresas

Lo que se logra al realizar las implementaciones de tecnología y equipo es ganar permanencia en el mercado, generar valor agregado a partir de la innovación en sus servicios o productos, sistematizar algunos procesos.

Otro punto muy importante es elevar la competitividad, ya que, con las implementaciones adecuadas, se pueden tomar decisiones más inteligentes.

Y otro no menos importante es la reducción de costos, ya que se mejora la administración de recursos, haciendo los procesos más productivos.

En cuanto a lo relativo a las variables de innovación, las actividades de innovación de productos y procesos se agrupan en cuatro categorías (Ortíz, 2006):

- Desarrollo de Productos

    - Modificación de productos actuales
    - Copia de productos de competidores
    - Producto radicalmente nuevo
    - Mejora en los procesos existentes
    - Copia de procesos de empresas competidoras

- Desarrollo de un nuevo proceso Ingeniería y Diseño

    - Adaptaciones a equipos actuales

- Fabricación propia de equipos de producción
- Fabricación de equipos de control

- Diseño y Rediseño de Máquinas y Equipos

  - Rediseño de equipos de producción
  - Rediseño de equipos de control
  - Diseño completo de un equipo de producción
  - Diseño completo de un equipo de control

- Organización de la Producción

  - Introducción de CAD y CAM
  - Introducción de sistemas de manufactura flexible
  - Programas de mejoramiento continuo de la calidad
  - Justo a tiempo
  - Programas de entrenamiento continuo

Importancia del desarrollo de nuevos productos para las microempresas

El desarrollo de productos es una tarea que consiste en introducir o adicionar valor a los satisfactores, a fin de que cambien o incrementen características para cubrir o acrecentar el nivel de satisfacción de las necesidades y deseos de quienes los consumen. El desarrollo de productos es una tarea vital y estratégica para cualquier organización, y parte del hecho de que todo producto tiene un ciclo de vida (Lerma, 2010)

Entendamos al desarrollo de productos por el conjunto de acciones que tienen como fin la creación de nuevos satisfactores y/o la actualización, cambio o mejoramiento de satisfactores existentes de los mismos, con el fin de comercializarlos para obtener a parte de una satisfacción a las necesidades o deseos por parte del cliente, una generación de ingresos.

El <u>desarrollo</u> de productos es importante para el <u>consumidor</u>, indispensable para <u>la empresa</u> y estratégico para la <u>nación</u>.

Beneficios del desarrollo de nuevos productos

Para cualquier organización, el desarrollo de nuevos productos y la actualización de los actuales es una tarea necesaria para:

a) Lograr los objetivos financieros de la organización en lo relativo a ingresos y utilidades, así como estabilidad y crecimiento en los negocios

b) Alcanzar los objetivos mercadológicos relacionados con le posicionamiento y la participación en el mercado

c) Posicionar competitivamente a la empresa y sus productos con relación a otras opciones presentes en el mercado en que nuestra organización opere

d) Reponer los productos que hubiese llegado a su etapa de retiro, de acuerdo con la posición que tengan en su ciclo de vida.

e) Actualizar tecnológicamente todas las actividades y equipos de las empresas

f) Aplicar y aprovechar los nuevos conocimientos surgidos de <u>inventos</u> recientes

g) Observar las <u>normas</u> y regulaciones a las que deban ajustarse los productos para poder operar comercialmente

h) Sustituir materias primas en caso de <u>escasez</u>. Reducir costos de insumos cuando por diversas causas estas se incrementan, lo cual resta competitividad y/o demanda o rentabilidad a los productos de la empresa.

i) Adaptarse a los cambios en la demanda cuando a causa de la <u>dinámica</u> demográfica, moda, estilos de vida, etc., se haga necesario adaptar el producto a riesgo de quedar fuera de mercado.

j) Satisfacer necesidades o deseos nuevos de los consumidores.

Enfocados a cubrir necesidades insatisfechas o a crear nuevas necesidades

Las Mipymes que quieran sobrevivir tendrán que adaptarse a las exigencias de un mercado cada vez más competitivo. Quizá tengan que realizar una reingeniería, que tenga que ver con hacer los procesos más efectivos, permitiendo un crecimiento.

Posicionamiento en el mercado actual

A parte de desarrollar el producto, de fijarle un precio justo y de hacer que sea accesible a los consumidores, las microempresas promueven también sus productos. El objetivo principal de éstas, al hacer la promoción de sus productos, es el de informar a sus clientes sobre los mismos, para estimular la demanda.

Algunos tratan simplemente de sostener el interés del comprador hacia el producto mientras que otros tienen la finalidad mayor de aumentar en forma sustancial sus cuotas en el mercado local o incluso global.

Practicas de mejora

Las mejores prácticas que pueden desarrollar las Mipymes, se pueden definir como un benchmarking a los procesos que requieren un compromiso y experiencia. Es bien sabido que se han creado principios y técnicas de mejorar para procesos y para la competitividad de las empresas. El propóstio de éstas mejoras, se centra en producir más, en mejorar las características de los productos, en reducir desperdicios y, en general, a que los productos-servicios brinden mejor calidad, sustentabilidad y seguridad.

Ejemplo de éstas técnicas de mejora las podemos observar en las normas para gestión de la calidad ISO 9001, ISO 9004, para el ambiente ISO 14000 y la seguridad OHSAS 18000, hasta la aplicación de prácticas japonesas y norteamericanas como: las 5S's, el Just in Time, cadena de valor, entre otras.

Para obtener buenos resultados en la aplicación de alguna o algunas prácticas se sugiere segun (Ruiz, 2003):

a) 'halar' en lugar de 'empujar' a partir de los requisitos del cliente (pedidos)
b) planificar estratégicamente los recursos en función de las necesidades del cliente
c) desarrollar y fabricar 'justo a tiempo' con los proveedores
d) medir y analizar para la mejora
e) agregar valor en los procesos.

Además podemos encontrar otras limitantes, para la implementación de tecnología en las microempresas, son: (Vázquez, 2017)

1. La tecnología es compleja. Muchas empresas consideran que la implementación tecnológica es complicada y requiere de procesos largos, capacitaciones sin fin y que al final tendrán que contratar personal especializado.

2. La tecnología es costosa. Una idea constante, pero no por ello cierta, es que la tecnología es demasiado cara y que se necesita comprar licencias costosas y limitantes que podrían afectar la liquidez de una pyme.
3. Falta de información. Es muy común que cuando una pyme busque tecnología en la web, se encuentre con un alud de información que, más que ayudar, confunda sobre lo que puede esperarse. Ello implica que no hay información dedicada a este segmento que pueda hacer más fácil la adopción tecnológica.

Los empresarios deben desarrollar capacidades para crear buenos sistemas de organización en sus microempresas. Con ello pueden lograr tener una buena coordinación y dirección para con sus equipos de trabajo.

Hará un buen desempeño de los colaboradores, es el motivarlos constantemente, valiéndose de algunas buenas estrategias para lograrlo.

La toma de decisiones es algo fundamental para el buen rumbo del negocio, para ello hay que considerar un análisis de la realidad del entorno y de sus necesidades, con lo cual siempre se mantendrán a la vanguardia.

La capacidad de innovación y renovación constante, ayuda a mantener a la empresa siempre presente en la mente del cliente final y a su vez, como se mencionó previamente, a la vanguardia.

Saber elegir a sus colaboradores, analizando previamente sus habilidades y capacidades, que puedan aportar al crecimiento y buen funcionamiento de la empresa.

Capacidad de innovación

La innovación permite a la empresa proporcionar un nuevo valor añadido a sus clientes, por lo que deben de contar con las capacidades de: Flexibilidad, creatividad, capacidad para identificar oportunidades.

Capacidad instalada

La capacidad instalada es el potencial de producción o volumen máximo de producción que una empresa en particular, unidad, departamento o sección; puede lograr durante un período de tiempo determinado, teniendo en cuenta todos los recursos que tienen disponibles, sea los equipos de producción, instalaciones, recursos humanos, tecnología, experiencia/conocimientos, etc. El uso de la capacidad instalada depende de las cantidades producidas, es decir de la ocupación de la infraestructura para generar los bienes y servicios para los cuales fue diseñada. (Jara, 2015)

Capacidad económica

Es la capacidad que tiene la empresa para generar beneficios y atender adecuadamente los compromisos de pagos, evalúa su viabilidad futura y facilita tomar decisiones encaminadas a reconducir y mejorar la gestión de los recursos de la empresa, para lograr crear valor y, así, continuar en el mercado. Para ello debe conocer las áreas de contribuyen positiva y negativamente en los resultados, saber cual es su posición financiera o liquidez y poseer información contable para la toma de decisiones.

Capacidad de recurso humano y su implicación

Es el recurso primordial de cuyas habilidades, formación y experiencia depende asegurar la creación y sostenimiento de las ventajas competitivas de la empresa.

Para ello se debe conocer las cualidades de los empleados, para determinar si satisfacen el perfil del puesto y saber su potencial.

Fuentes de financiamiento externo para inversión en tecnología y equipo

El plan nacional de desarrollo de México (2012-2018) considera importante la política orientada a apoyar a las MIPYMES productivas y formales así como a los emprendedores, quienes son considerados piezas angulares de la agenda del gobierno. Dicha política es considerada como palanca estratégica del desarrollo nacional y de generación de bienestar para los mexicanos (Martínez, 2014).

En palabra de Martínez (2014), los principales objetivos de estos fondos son lograr que sus apoyos tengan resultados medibles y cuantificables en los beneficiarios y que contribuya al fortalecimiento de la economía nacional, a la transformación de los emprendedores y de las MIPYMES en el país, para que las micro empresas se transformen en pequeñas empresas, las pequeñas en medianas y las medianas en grandes para de esta manera favorecer el crecimiento sostenido de la economía.

Algunos tipos de financiamiento, son los siguientes:

1.- Fuentes gubernamentales (Fondos de la Secretaría de Economía, Secretaría de Desarrollo Económico, NAFIN y CONACYT): estos instrumentos se utilizan para generar modelos de negocio y desarrollo del proyecto, aplican cuando el negocio esta en marcha. Además son usados para crear prototipos que ayuden a comercializar el producto o servicio en el mercado, por lo que normalmente dan ventajas competitivas.

2.- Inversionistas ángeles: las aportaciones de este tipo se dan generalmente para las empresas que ya están funcionando, y que por su alto contenido innovador o desarrollo potencial atraen créditos

3.- Financiamientos bancarios: las empresas pueden acudir para capital de trabajo o para tener flujo en la operación diaria del negocio

4.- Private equity: aporta capital a cambio de acciones que la empresa otorga, y además contribuye con recursos no monetarios como contactos, mejores prácticas, administración profesionalizada, institucionalidad, transparencia, etcétera

Método de Investigación

El diseño de la investigación es con un enfoque desde la administración de las micro, pequeñas y medianas empresas; siendo del tipo cuantitativo, permitiéndonos evaluar los datos de forma numérica. De campo, a partir de la indagación o recolección de datos mediante encuestas. Transversal, siendo un estudio en un momento y lugar determinado, con la finalidad de no repetir las observaciones. Y no experimental, donde sólo se pretende medir y recolectar información de manera independiente sobre el objeto de investigación en un tiempo presente, es decir, en qué medida llegan a realizar inversiones en su tecnología y equipo.

Tipo de la investigación

El tipo de investigación es transversal, siendo un estudio en un momento y lugar determinado, con la finalidad de no repetir las observaciones en otro tiempo. La herramienta metodológica a utilizar es la encuesta, y el instrumento para la recolección de la información, siendo un cuestionario cerrado, para su aplicación en forma directa e intensionada a los empresarios del giro manufacturero de Tampico. Ya que permite obtener información de un grupo numeroso de sujetos de forma rápida y económica. Las encuestas a menudo emplean los cuestionarios como una herramienta para la recolección de datos (Junquera, 1990)

Población y Muestra

La población objetivo está constituida por las microempresas del sector manufacturero en el estado de Tamaulipas, clasificadas con un rango de trabajadores no mayor a 10 personas y con un ingreso de hasta $ 4 mdp anuales.

El tipo de muestra que se realiza es no probabilístico, de conveniencia, siendo de forma intensionada la elección de los sujetos.

Se considera este tipo de población, ya que es el sector objeto de investigación, del cual se desea obtener información para posteriormente presentar los resultados obtenidos, y con ello aportar conocimiento a los mismos.

Mediante el último censo realizado por el INEGI en el 2014, se obtiene que para el estado de Tamaulipas existe un total de 45,432 unidades económicas, de las cuales corresponden 970 unidades para la ciudad de Tampico.

Para la determinación de la muestra, dado que la población que se tiene es pequeña, será mediante a criterio del 30% del total de las unidades, para recabar la información objeto de estudio y se opta por el muestro por conveniencia.

Análisis de los resultados

Los aspectos que se analizaron en cada una de las empresas para conocer el Liderazgo Gerencial y Profesionalismo a continuación se mencionan:

Edad promedio de los empresarios:

La edad promedio de los empresarios que están al frente del comercio oscilan en la edad de 47-57 años siendo el 40% por ciento de los encuestados.

Persona Frente al negocio:

La persona que se encontraba en el negocio tenía el nombre de Gerentes a cargo del negocio 42% solo se encontró que el 19 % eran los dueños, esto nos dice que el dueño o propietario del negocio no está al pendiente de la situación del día a día de la empresa.

Tipo de empresa:

En esta pregunta del instrumento que se realizó nos mostró que el 19% de los encuestados eran únicos dueños de la empresa, 40% era familiar, 41% socios considerando no familia sino conocidos, llama la atención estos resultados ya que en la característica anterior analizada nos da la respuesta de tener a un encargado o persona al frente del negocio.

Podemos ver que a pesar de ver que el 40% de las empresas eran familiares el por 1% de diferencia son socios considerando que muchos de ellos eran familiares pero estaba constituidos como S.A.

Otros de los aspectos que se revisaron en la encuesta aplicada a los empresarios fue acerca del manejo de su negocio desde la perspectiva administrativa.

Manejo de valores en la empresa el 22% que es el máximo porcentaje se da al servicio al cliente ya que los empresarios están preocupados en la atención que se les da a los consumidores o clientes de su negocio el punto medio es de 18% en respeto e iniciativa por parte del trabajador y el ultimo a considerar es del 4% calidad.

Objetivo de la empresa.

El objetivo de la empresa se mencionaron tres aspectos a considerar: obtención de utilidades, mejorar la economía de la región, generación de empleos. La respuesta fue 63% obtención de utilidades están mas preocupados por la sobrevivencia de su negocio que la situación de la región lo cual resulta comprensible en esta situación que se vive.

Retos a enfrentar en el negocio.

Los empresarios enfrentan una problemática que es personal calificado este es un reto que se marca con un (41%) ya que el personal con el que cuentan no esta calificado y tienen demasiada rotación de personal esto lo señalan y comentan que es una problemática generacional que se ha marcado en estos años. Otros de los retos que se enfrentan es a la competencia desleal (19%) que hay y por último a la falta de apoyos de financiamiento por parte del gobierno (40%).

Estrategias que implementan las empresas de acuerdo con las necesidades de cada una de ellas y sus prioridades. Los resultados fueron:

Valor Agregado	25%
Mejor comunicación	23%
Vinculación nacional e internacional	03%
Promover Productos	35%
Simplificación administrativa	09%
Sistemas de Gestión Calidad	05%

Otros de los aspectos que se evaluaron fueron el tipo de comunicación que tenían con su personal y si se manejan con una política de calidad lo cual la respuesta fue negativa ya que la mayor preocupación de los empresarios no es la capacitación ni comunicación con el personal si no el mantenerse dentro del mercado y obtener utilidades para sobrevivir ante la competencia.

En conclusión podemos decir que las empresas todavía se manejan de una manera paternalista para con sus empleados, esto nos dice que la mayor parte de los empresarios comentaban que por ser una empresa pequeña no era necesario establecer tantos controles administrativos a pesar que estamos en un mundo cambiante ante la tecnología, por la tanto no consideran la tecnología una prioridad así mismo una las observaciones en general de los empresarios fue el alta rotación de los empleados ya que esto se debe a los bajos salarios que hay en el mercado laboral y la falta de compromiso de hoy en día de los trabajadores, ya que comentan que la escala de valores que manejan dista mucho de los objetivos de la empresa.

Referencias:

Berumen, S. 2006. *Competitividad y desarrollo local,* ESIC, Madrid.

Bembibre. C. 2010. Definición de Profesionalismo. Sitio: Definición ABC. Fecha: marzo. 2010. Obtenido de: URL: https://www.definicionabc.com/negocios/profesionalismo.php

Chang, J. & Hung, M. (2006): Optimal Timing to Invest in E-commerce. Psychology & Marketing, Núm. 23, pp. 321-335.

Editorial Definición MX (2014). Profesionalismo. Sitio: Definición MX. Fecha: 28/03/2014. Obtenido de: https://definicion.mx/profesionalismo/.Lugar: Ciudad de Mexico.

El Semanario (2014). Pymes en México sólo la mitad sobrevive a los 18 meses. Miércoles 12 de febrero de 2014, obtenido de: https://elsemanario.com/negocios/25019/los-errores-y-los-problemas-de-las-pymes-en-mexico/

Estrada Orihuela, Sergio. 2007. Seminario universitario de innovación y desarrollo tecnológico. Facultad de Economía, UNAM. México.

Garrido, S. (2003): Dirección estratégica. Madrid: McGraw-Hill.

Garza, C. R. (2000). Creación de PYMES: Objetivo Emprendedor. En: Ingenierías, Vol. 3, No. 9, pp. 54-58.

Gaynor, G. 1996. *Handbook of technology management,* Mc Graw–Hill, New York.

Góngora, G.; García, D. y Madrid, A. (2010). "El efecto del apoyo público sobre el comportamiento innovador y el rendimiento en MIPYMES." Revista de Ciencias Sociales, 16, 3 (septiembre-diciembre), pp. 400-417.

Hansen, O. 2002, *et al.,* "Environmental Innovations in Small and medium Sized Enterprises", *Technology Analysis & Strategic Management,* Carfax Publishing, Vol 14, No. 1, pp. 37–54.

Hernández, I. V. (13 de enero de 2013). *PYMES GENERAN 81% DEL EMPLEO EN MÉXICO.* Obtenido de https://expansion.mx/mi-carrera/2013/01/14/pymes-generan-81-del-empleo-en-mexico

INEGI (2010). Censos Económicos 2009. México D.F.: INEGI (Instituto Nacional de Estadística y Geografía).

INEGI (2011). Encuesta Industrial Anual 2008-2009: 231 clases de actividad económica / Instituto Nacional de Estadística y Geografía. México D.F.: INEGI

INADEM. (2018). *Blog del Emprendedor.* Obtenido de Las MiPyME en México: retos y oportunidades: https://www.inadem.gob.mx/las-mipyme-en-mexico-retos-y-oportunidades/

Jara, L. (03 de Noviembre de 2015). *Utilización de la Capacidad Instalada en la Industria.* Obtenido de Observatorio Económico Social UNR: http://www.observatorio.unr.edu.ar/utilizacion-de-la-capacidad-instalada-en-la-industria-2/

Junquera G. (1990): Diseño y elaboración de cuestionarios para la investigación comercial. Madrid: Editorial Esic, pp. 845-854.

Kantis, H. (2004). Emprendedor: América Latina y la experiencia internacional. Banco Interamericano de Desarrollo: Washington.

Lerma Kirchner, Alejandro Eugenio (2010). Desarrollo de nuevos productos, una visión integral. Cuarta edición. Obtenido 2018, 09, de https://books.google.com.mx/books?hl=es&lr=&id=LoffvfnKz_UC&oi=fnd&pg=PR5&dq=articulos+cientificos+

sobre+Inversi%C3%B3n+e+implementaci%C3%B3n+de+
tecnolog%C3%ADa+y+equipo,+para+el+desarrollo+de+
nuevos+productos+dentro+de+las+microempresas+en+
mexico&ots=CGQuo5iyJY&sig=i9Sviw8zlYh3wQv1JtYD1jlU
W6g#v=onepage&q&f=false

Martínez Villalobos, Cecilia (Noviembre, 2014). Crecimiento económic y micro, pequeñas y medianas empresas. Obtenido 2019, de: http://eprints.uanl.mx/4229/1/1080253763.pdf

Ortíz, F. (2006). Gestión de innovación tecnológica en PYMES manufactureras. I Congreso Iberoamericano de Ciencia, Tecnología, Sociedad e Innovación CTS + I. Valencia, Venezuela. http://tejidoempresarial.net/efs/amfefs/soluciones/E/E5/capacitaciones/Lectura%20Gesti%C3%B3n%20innovaci%C3%B3n%20tecnolog%C3%ADca%20PYMES.pdf

PYMES y la vanguardia tecnológica en sistemas de información. Recuperado 15 de noviembre de 2004 de http://www.usergioarboleda.edu.co/PYMES/PYMESylavan guardiatecnologicaeninformacion.doc

Ruiz, J. (2003). "Breve análisis de la evolución, innovación y mejores prácticas de los procesos industriales." Boletín IIE, (julio-septiembre), pp. 84-93.

Tunal, G. (2003). El problema de clasificación de las microempresas. En: Actualidad Contable FACES, Año 6, No. 7, pp. 78-91.

Vázquez, R. (07 de julio de 2017). *Forbes México*. Obtenido de https://www. forbes.com.mx/3-barreras-impiden-las-pymes-uso-tecnologia/

Zevallos E. (2003). Micro, Pequeñas y Medianas Empresas en América Latina. En: Revista CEPAL, No. 73, abril.

Capítulo 3.
FODA y Marketing Mix del Sector Educativo de Nivel Medio Superior en la Zona Sur del Estado de Tamaulipas

María Elena Martínez García.
José Raúl Valenzuela Fernández.
Roció Vargas Cruz.
María del Carmen Echeverria González

CAPÍTULO 3. FODA y Marketing Mix del Sector Educativo de Nivel Medio Superior en la Zona Sur del Estado de Tamaulipas

INTRODUCCIÓN

Según Sarli, González y Ayres (2015), el análisis FODA (Fortalezas, Oportunidades, Debilidades y Amenazas) ayuda a generar un balance estratégico para la dirección de las organizaciones y crear estrategias exitosas; es un instrumento de análisis organizacional en relación con las metas marcadas por la empresa, así como una herramienta sencilla que permite obtener una imagen general de la misma.

El análisis situacional FODA es una estrategia importante en el marketing si el objetivo es el crecimiento o posicionar a una organización en el mercado. Un plan de marketing se basa en un objetivo de mercado y postura competitiva, establecer necesidades presupuestarias, entre otras y consiste en realizar una evaluación de los factores fuertes y débiles que diagnostican la situación interna de una organización, así como su evaluación externa, es decir, las oportunidades y amenazas; dicho análisis permite definir con claridad las diversas actividades de una organización y crear estrategias necesarias para alcanzar los objetivos planteados.

OBJETIVOS

Los objetivos de esta investigación abarcan los siguientes puntos.

Objetivo General

Analizar el sector educativo de nivel Medio Superior público dividiendo en marketing mix, realizando un análisis situacional con el fin de determinar la imagen completa tanto en su entorno interno como en el externo, estructurado por medio de un diagnóstico con base en sus fortalezas, debilidades, oportunidades y amenazas.

Objetivos específicos

- Diseñar estrategias de marketing fomentando la mejora continua en el sector educativo público.
- Conocer las diferentes características que tiene el marketing mix para el sector educativo público.

ANTECEDENTES

De acuerdo a Gonzalo y Restrepo (n.d.), diversos estudios sobre análisis situacional, aplicando la técnica FODA, para organismos públicos, adoptan una posición estricta o flexible ante la administración de la empresa, aplicando con rigidez las leyes y fomentándolas, logrando con ello el crecimiento empresarial.

El estudio y análisis FODA es un instrumento en el cual las empresas establecen los parámetros y factores que le permitan conocer la situación actual de la organización, en las áreas o aspectos que requiera conocer y definir áreas para ser aprovechadas y proyectarse para futuro, que garantizará identificar oportunidades, amenazas, así como, fortalezas y debilidades empresariales, y sobre esta base técnica desarrollar cualquier propuesta.(Taipe, 2015.)

El marketing mix

La mezcla de mercadotecnia se define como el conjunto de herramientas técnicas de mercadotecnia que la empresa combina para producir una respuesta deseada en el mercado meta. La mezcla de mercadotecnia incluye todo lo que la empresa puede hacer para influir en la demanda de su producto o servicio, tal mezcla permite que la empresa pueda satisfacer las necesidades de los consumidores en forma planeada y clara para con ello conseguir un beneficio (Kotler y Armstrong, 2001).

ANÁLISIS FODA

Definición

La técnica FODA se orienta principalmente al análisis y resolución de problemas y se lleva a cabo para identificar y analizar las fortalezas y debilidades de la organización, así como las oportunidades (aprovechadas y no aprovechadas) y amenazas reveladas por la información obtenida del contexto externo (Kotler y Armstrong, 2001).

El análisis FODA es una evaluación de los factores que diagnostican la situación interna y externa de la organización; es una herramienta que puede considerarse sencilla, que permite tener conocimiento y amplio criterio y obtener una perspectiva general de la situación estratégica de una organización (Sarli et al., 2015).

Componentes de un análisis FODA

Las fortalezas y debilidades se refieren a la organización y sus productos, mientras que las oportunidades y amenazas son factores externos

	POSITIVOS	NEGATIVOS
Internos	Fortalezas	Debilidades
Externos	Oportunidades	Amenazas

sobre los cuales la organización no tiene control alguno (Kotler, 2013).

Por tanto, deben analizarse las condiciones del FODA Institucional en el siguiente orden: 1) Fortalezas; 2) Oportunidades; 3) Amenazas; y 4) Debilidades.

El FODA como técnica de planeación, permitirá contar con información valiosa proveniente de personas involucradas con la administración del negocio y que con su *know how* pueden aportar ideas inestimables para el futuro organizacional. Es necesario señalar que la intuición y la creatividad de los involucrados es parte fundamental del proceso de análisis, ya que, para algunas personas, una determinada situación, parece ser una oportunidad.

El análisis FODA, emplea los principales puntos del estudio del contexto e identifica aquellos que ofrecen oportunidades y los que representan amenazas u obstáculos para su operación (Kotler y Armstrong, 2001).

Cuándo utilizar el análisis FODA

Según Naranjo (2011), el FODA puede ofrecer perspectivas útiles en cualquier etapa de un esfuerzo. Este análisis puede utilizarse para:

- Explorar las posibilidades de nuevas iniciativas o soluciones a los problemas.

- Tomar decisiones sobre el mejor camino para su iniciativa.
- Determinar dónde el cambio es posible.
- Ajustar y precisar los planes de medio término. Una nueva oportunidad podría abrir vías más amplias, mientras que una nueva amenaza podría cerrar un camino que una vez existió.

La Matriz FODA representa una estrategia de marketing esencial para el éxito de las organizaciones tanto públicas como privadas.

MÉTODO

Tipo de Investigación

El tipo de investigación realizada en este documento es de tipo descriptiva con un enfoque cualitativo ya que sólo se recolectará información para describir el análisis situacional en cuanto al marketing mix se refiere para las instuiciones académicas del sector medio superior de la Zona Sur de Tamaulipas (Tampico, Madero y Altamira).

Delimitación

La presente investigación se llevó a cabo en la Zona Sur del estado de Tamaulipas, abarcando los siguientes centros de educación de nivel medio superior:

Centros de Estudios Tecnológicos Industrial y de Servicios (CETis) 109, 78 y 22; Centros de Bachillerato Tecnológico industrial y de servicios (CBTis) 103 y 105, Colegios de Bachilleres de Tamaulipas 15, 04 y 13; así como, el Colegio Nacional de Educación Profesional Técnica (Conalep) 54; ubicados en las ciudades de Tampico, Madero y Altamira.

Análisis de Resultados

Análisis Sector Medio Superior Público

1) a) FODA Servicio Docente

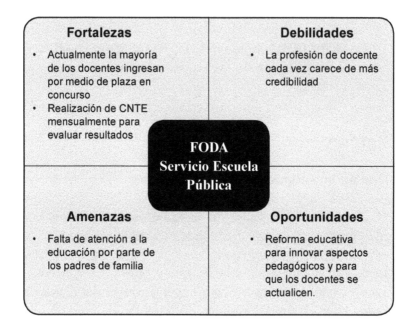

Fuente: Elaboración propia en base a análisis FODA.

Matriz FODA Servicio Docente

En el servicio que ofrecen las Instituciones de Nivel Medio Superior es que en la actualidad, con la reforma educativa, la mayoría de los docentes ingresan a su actividad laboral por medio de un concurso de plaza en el cual son evaluados y esto beneficia de sobre manera a los estudiantes y padres de familia, ya que la calidad educativa se incrementa haciendo que los maestros se preparen continuamente para enseñar de una mejor manera.

Una de las debilidades es que la docencia carece de credibilidad, ya que muchos maestros apoyados por el CNTE organizan plantones, marchas sindicales, etc., por ello fue que se instituyó la reforma educativa, sin embargo, la mayoría de los docentes se encuentran bien capacitados.

Con relación a las amenazas, existe una falta de atención por parte de los padres de familia hacia la educación que se le tiene que proporcionar a los estudiantes, ya que no cuentan con seguimiento y atención adecuada por la falta de tiempo y atención de los tutores de los alumnos.

2) *b) FODA Precio*

Fuente: Elaboración propia.

Matriz FODA Precio.

En el análisis FODA sobre el precio, se cuenta como fortaleza que en las Instituciones de Nivel Medio Superior públicas sólo se realiza un pago anual, que corresponde a la cuota de padres de familia, ya que la educación en México es gratuita; sin embargo, como debilidad es que dichas instituciones cuentan con un techo financiero pequeño y limitado, carece de ciertos beneficios como las tienen las instituciones privadas, no pueden realizar eventos de recreación continuamente para los estudiantes; y, como amenazas es que las instituciones privadas hoy en dia ofrecen programas accesibles a un bajo costo y esto también reduce el número de matrícula en las escuelas públicas.

3) *c) FODA Plaza*

Fuente: Elaboración propia.

Matriz FODA Plaza.

En el FODA de plaza, como fortaleza las Instituciones de Educación Media Superior públicas son muy amplias y cuentan con los espacios requeridos para las actividades que se lleven a cabo, además no existe problema por la gran cantidad de matrícula que existe periodo tras periodo; como debilidad, no se cuenta con el mantenimiento a la infraestructura de las instituciones; como amenaza, dado el escaso mantenimiento a los edificios, se pueden ocasionar accidentes, tanto a alumnos como a toda aquella persona que haga uso de la infraestructura (maestros, administrativos, padres de familia, etc.) y como resultado puede haber baja en la matrícula; como oportunidad, lo que más se presenta es que se pueden aprovechar mejor los subsidios que otorga el gobierno para manteamiento de las instituciones como el fondo de inversión concursable en infraestructura para las Instituciones de Educación Media Superior, dado que este programa está dirigido a atender las necesidades en materia de infraestructura y equipamiento, se destinan a la construcción, rehabilitación, mantenimiento y equipamiento de nuevos proyectos, o a la conclusión de obras ya iniciadas, en el caso de mantenimiento, se da preferencia a las obras que tengan por objeto atender prioritariamente seguridad estructural, instalaciones eléctricas, sanitarias e hidráulicas.

4. d) FODA Promoción

Fuente: Elaboración propia.

Matriz FODA Promoción

El FODA de promoción, como fortaleza, las Instituciones de Nivel Medio Superior públicas no requieren de hacer grandes inversiones en promocionar los programas con los que cuentan, ya que actualmente elijen a sus clientes por sectores, además, existe una demanda que rebasa la oferta de estas instituciones académicas, sin embargo, es importante que se promocionen las especialidades con las que cuentan, para que los alumnos tengan un desarrollo importante y con ello llevar conocimientos base a las Instituciones de Nivel Superior; y, la debilidad es que las Instituciones de Nivel Medio Superior públicas no cuentan con la cantidad de actividades extracurriculares como las instituciones del sector privado; como amenaza, es que no todos los ciudadanos conocen las instituciones que se encuentran en su sector y la falta de prestigio por la gran cantidad de alumnado existente, esto hace creer que no cuentan con suficiente calidad educativa; y como oportunidad, es generar y promocionar actividades extracurriculares para Instituciones de Nivel Medio Superior y que esto ayude a vincular para que puedan conocer la capacidad e infraestructura con las que cuentan, dando a conocer los recursos que pueden ofrecer tales instituciones, como son las becas Pronabes, becas de excelencia, etc.

5) *e) FODA Cliente*

Fuente: Elaboración propia

Matriz FODA Cliente

En el FODA Cliente, como fortaleza más marcada es que debido a que la educación es obligatoria y gratuita tienen una gran demanda desde preescolar hasta secundaria, sin embargo, como debilidad es que existen altos niveles de abandono de estudios a partir de la educación media superior por falta de recursos para poder continuar con su educación y son obligados a apoyar a la economía familiar, esta condición es la más preocupante por parte de las Instituciones de Nivel Medio Superior; en archivos de las instituciones existe el dato de que se cuenta con un 3.6% de deserción semestralmente; por otra parte, como amenaza, es que algunos padres de familia, con una posición económica media, prefieren llevar a sus hijos a estudiar al sector privado, porque tienen una percepción de más prestigio y mayor atención hacia sus hijos, aumentando la percepción de calidad educativa; y como oportunidad, es que los jóvenes se encuentran en constante cambio, por lo tanto, los docentes deben de capacitarse con mayor frecuencia y con ello ayudar para poder innovar.

Conclusión análisis FODA

De acuerdo al análisis FODA, se puede mencionar que el sector público tiene mayor capacidad en cuanto a recursos ya que poseen apoyo de instituciones gubernamentales (municipales, estatales y federales), en comparación al sector privado, las instituciones educativas pueden mejorar sus instalaciones sin necesidad de subir colegiaturas o cuotas de pago, en cambio en el sector educativo privado, el apoyo es variable y para realizar alguna mejora se deben tener en cuenta los aumentos a las colegiaturas.

En conclusión, observamos que el sector educativo público posee los recursos necesarios, sin embargo, los resultados de una eficiente calidad los poseen las instituciones privadas, ya que la matrícula que existe en el sector público es excesiva, y ello hace que los padres de familia se preocupen por la calidad educativa que recibe su hijo.

Además, pudimos observar que las escuelas preparatorias en un nivel público pueden tener oportunidades más claras de crecimiento que una privada, ya que esta depende de la cantidad de alumnos que estén matriculados.

En el sector académico público las instalaciones pueden estar en mal estado o pueden prescindir de artículos de primera necesidad, aunque algunas son la excepción y poseen instalaciones con infraestructura y equipos de buena calidad.

El servicio ofertado en este tipo de institución es percibido como insuficiente ya que no es capaz de satisfacer las necesidades de matrícula de los alumnos que aspiran a ingresar a este nivel educativo.

Como ventaja en este tipo de instituciones: es que son gratuitas, las cuotas de padres de familia son económicas, los accesos a las escuelas son más aprovechados; sin embargo, existe un alto índice de deserción de los estudiantes por falta de recursos económicos familiares y son obligados a trabajar para ayudar a la economía familiar.

Por otra parte, las instituciones educativas públicas muestran un amplio interés en actividades recreativas al aire libre, esto permite mejorar el desempeño mental y físico del alumno, cuentan con el apoyo por parte del gobierno para disminuir la deserción escolar con becas de apoyo económico como la beca Pronabes, becas de excelencia, intercambios, etc.

Con los resultados obtenidos aplicando la técnica FODA a las Instituciones de Educación Media Superior, se pueden generar distintas estrategias para ser implementadas en estos organismos para que el proceso enseñanza-aprendizaje se encuentre en mejora continua y con ello captar la atención de los clientes (estudiantes, padres de familia, etc.) apoyando siempre a que el estudiante, con respecto a su vida académica, logre culminar con éxito el Nivel Medio Superior.

PROPUESTAS DE ESTRATEGIAS

B. Estrategia organizacional

1. Strategy (estrategia): Promocionar mejor la educación para darle a conocer a la sociedad su importancia e impacto.
2. Structure (estructura): Se tiene que incrementar la participación de los miembros de la organización (docentes, alumnos, directivos) en la toma de decisiones, las cuales son necesarias para implicar a todos en un trabajo en equipo y lograr un mejor desarrollo, implementando ayudas como el fondo concursable de inversión en infraestructura para Educación Media Superior.
3. Style (estilo): Mejorar los métodos de aprendizaje basándose en su filosofía y valores, debido a que existe poca disposición de los miembros para propiciar el cambio en la organización educativa y poco apoyo por parte de los padres de familia.
4. Staff (personal): Mayor participación en el área docente para crear, adquirir y transmitir conocimientos, realizando acciones y programas para dar respuesta a la demanda estudiantil del sector.
5. Skills (habilidades): Tener docentes bien capacitados y con una amplia gama de conocimientos, los cuales

sean los requeridos para el puesto en el cual se encuentran y así no tener "huecos" en ningún área de conocimiento correspondiente.

6. Systems (sistemas): Manejar una base de datos, que inicie desde nivel secundaria para llevar un orden en la matrícula y así, si algún alumno tiene algún problema de recursos para continuar con su educación, poder darle un seguimiento para evitar el abandono escolar que es el mayor problema de las mismas, apoyándolos continuamente con estos recursos por parte de la SEP y del estado.

7. Shared Values (valores compartidos): Generar el cambio en la cultura del sector educativo, para consolidar los valores éticos y organizacionales con los cuales, se podrá construir una cultura institucional, en los conceptos de calidad, pertenencia social, productividad de los aprendizajes e igualdad de oportunidades para todos los alumnos.

Referencias

Arce-Urriza, M., & Cebollada, J. (2013). Elección de canal de compra y estrategia multicanal: Internet vs. tradicional. Aplicación a la compra en una cadena de supermercados. Cuadernos de Economia y Direccion de La Empresa, 16(2), 108–122. https://doi.org/10.1016/j.cede.2012.07.002

Betancourt, Eduardo (2.010). La Planificación Estratégica del Capital Humano en el siglo XXI. Editado porel Dpto. de Publicaciones de la Faculta de Ciencias Económicas y Sociales de la Universidad de Central de Venezuela, Caracas. Venezuela.

Delgado De Smith, Yamile (2008).La Investigación Social en procesos:

Denton, D.K. (1989). Quality service: How

Doney, P.M. & Cannon, J.P. (1997). An

Duque Oliva, E. (2005). Revisión del concepto de calidad del servicio y sus modelos de medición.*INNOVAR. Revista de Ciencias Administrativas y Sociales, 15* (25), 64-80.

Ejercicios y respuestas. Universidad de Carabobo – Venezuela.

Examination of the Nature of Trust in Buyer-Seller Relationships. Journal of

Francisco Taipe Yánez, J. (n.d.). Consideración de los factores o fuerzas externas e internas a tomar en cuenta para el análisis situacional de una empresa. Revista Publicando, 2(2015), 163–183.

Gonzalo, J., y Restrepo, F. (n.d.). Marketing en universidades. Descripción, análisis y propuestas.

Naranjo, C. (2011). Marketing Educativo; desarrollo de una estrategia C.E.M. aplicado a a Universidad Nacional sede Manizalez como base para la fidelización de clientes y complemento a la estrategia de C.R.M., 1–172.

Philip Kotler y Gary Armstrong, de. (2001). CAPÍTULO 5 ESTRATEGIAS DE MARKETING MIX. de Marketing, F., Edición, S.,

Salvador Ferrer, C. (2005). La percepción del cliente de los elementos determinantes de la calidad del servicio universitario: características del servicio y habilidades profesionales. *Papeles del Psicólogo,26* (90), 1-9.

Sarli, A. O., Ruth, R., González, P. O., e Inés, S. (2015). Actualizaciones Análisis FODA. Una herramienta necesaria Swot analysis, a necessary tool. No, 9(1)

Svenson, G. (2001). The quality of bi-directional service quality in dyadic service encounter. Journal of Services Marketing, 15(5), 357- 378.

Teas, R.K. (1993). Expectations, Performance Evaluation and Customers' Perceptions of Quality. Journal of Marketing, 57, 18-34.

the customer service revolution… and how we can too. Houston. Texas, USA: Gulf Publishing Company

Torres, R., Tenti E. Equidad y calidad en la educación básica La experiencia del CONAFE y la Telesecundaria en México. Publicado por el Consejo Nacional de Fomento Educativo, coordinado por la Dirección General de Relaciones Internacionales de la SEP.

Tumino, M., & Poitevin, E. (2014). Evaluación de la calidad de servicio universitario desde la percepción de estudiantes y docentes: caso de estudio. REICE. Revista Iberoamericana sobre Calidad, Eficacia y Cambio en Educación, 12 (2), 63-84.

Wouter Van Den, B. (1997). Aplicación de las Normas ISO 9000 a la enseñanza y la formación: interpretación desde una perspectiva europea. Centro Europeo para el Desarrollo de la Formación Profesional CEDEFOP.

Yzaguirre Peralta, L. (2005). Calidad educativa e ISO 9001-2000 en México. *REICE. Revista Iberoamericana sobre Calidad, Eficacia y Cambio en Educación, 3* (1), 421-431.

Capítulo 4. Outsourcing: Una alternativa de competitividad en las Pymes del Sector Restaurantero

Caso: Mata de Tampamachoco, Municipio de Tuxpan, Veracruz

Lázaro Salas Benítez
Edalid Álvarez Velázquez
Saulo Sinforoso Martínez
Javier Guzmán Obando

CAPITULO 4. Outsourcing: una alternativa de competitividad en las pymes en el sector restaurantero

Caso: Mata de Tampamachoco, Mpio. de Tuxpan, Veracruz

INTRODUCCIÓN.

El *Outsourcing*, consiste básicamente en contratar por medio de otra empresa el recurso humano, con el fin de tercerizar las obligaciones en términos laborales y de seguridad social, en el que se reducen el costo administrativo y se incrementan las utilidades de las empresas, en este entorno, los patrones reducen su carga impositiva, por lo que también se considera la conveniencia de contratar esta figura, para aprovechar sus ventajas y beneficios, tales como eficientar la productividad y el mejor desempeño de los trabajadores, para hacer que la empresa sea más competitiva.

De acuerdo con Carlos Gallegos (2009), el término outsourcing debería entenderse como el recurso por el cual una empresa puede ser auxiliada por otra para el desempeño y/o desarrollo de ciertas actividades especializadas, lo cual le ayude a disminuir cargas administrativas y de previsión social inherentes a la actividad laboral.

Antecedentes

La figura del outsourcing data desde principios del siglo XX, ya que, por citar como dato histórico, en 1906 el famoso carro "T" de Henry Ford, fue tal su demanda que su producción no lo abastecía, por lo que fue necesario subcontratar partes con terceros. Asimismo, en la búsqueda de reducir costos en la mano de obra, se tienen los casos de países europeos y de EUA, que, en la búsqueda de personal joven y reducción de costos, se dirigieron al norte de África: pero fue en los 80's, cuando se configura lo que hoy se conoce como outsourcing, cuando KODAK le cede los trabajos de tercería a IBM de su centro de data y de telecomunicaciones.

Con lo anterior, se puede observar que la figura de outsourcing ha ido evolucionando, dejando atrás el enfoque táctico por lo que hoy en día se adopta como un enfoque estratégico.

En México el outsourcing comenzó en la época de los 90s, en el que inicialmente se contrataban servicios básicos, tales como de vigilancia y limpieza, entre otros. Posteriormente, hubo una incursión de las agencias consultoras; de esta manera para las empresas era más fácil contratar a un proveedor tercero independiente, que crear, desarrollar y mantener a un departamento especializado de forma interna.

Finalmente, las actividades que en mayor medida se están desarrollando, a través de la figura del outsourcing son aquellas relacionadas con: Personal; Procesos fiscales; Tecnologías de la Información y Comunicación (TIC); Procesos de negocios; Administración y Control de Proyectos; Auditoría interna, y el uso de las TIC's.

Objetivo General

Analizar la figura del outsourcing, como una alternativa para incrementar la competitividad en las Pymes del ramo

Restaurantero, en la Mata de Tampamachoco, del Municipio de Tuxpan, Veracruz.

Justificación

Como parte de la globalización y del crecimiento económico de la Ciudad de Tuxpan, Veracruz a nivel regional, estatal y nacional, las Pymes del ramo hotelero, necesitan competir con estándares mundiales y nacionales frente a las grandes cadenas hoteleras, mediante la figura del outsourcing.

Problema de Investigación

Uno de los problemas más usuales que se dan en México en el ámbito laboral, es el alto costo en la contratación de recursos humanos, la carga tributaria y de seguridad social, la falta de vigilancia en el desempeño y la ineficiencia, lo cual afecta primordialmente en el aspecto económico en las empresas (principalmente en las microempresas que representan más del 75% en el ámbito nacional) del ramo restaurantero, ya que de acuerdo a la legislación laboral vigente, las empresas no han aprovechado los esquemas donde estas prestaciones les representan una carga salarial, impositiva y económica, e incluso solo se les otorgan el salario mínimo legal, sin que medie una motivación y generando un mayor grado de insatisfacción en la relación empleado-patrón.

De acuerdo a lo anteriormente descrito, se ha observado que, en los últimos años, se han afectado dichas prestaciones con estrategias que no promueven una competitividad con un mejor costo administrativo, una rentabilidad y eficiencia, asimismo, la baja generación de fuentes de empleo; por lo que, se considera que si existiera la figura del outsourcing se tuviera como una alternativa para fomentar la competitividad en las microempresas del ramo hotelero, ante el crecimiento económico en la Ciudad de Tuxpan, Veracruz.

Marco Teórico

Empresas restauranteras

María del Carmen Morfin Herrera (2006), autora del libro "Administración de comedor y bar" define restaurante haciendo referencia a "restaurare que proviene del latín y significa recuperar o restaurar, por lo que los restaurantes son lugares donde se preparan y sirven alimentos y bebidas por los cuales se cobra, recuperando la inversión hecha" (Morfin, 2006).

Por lo que Morfin (2006), da a entender que un restaurante es un establecimiento en el cual se realiza una inversión con la cual se buscará financiar los procesos que permitan la preparación de alimentos y bebidas que se venderán para así obtener ingresos que logren cubrir los gastos, recuperando la inversión inicial y aparte poder contar con ganancias para el negocio.

Paul R. Dittmer (2002), autor del libro "Dimensions Of The Hospitality Industry" define al servicio de alimentos como "la provisión de comidas preparadas para su consumo con o sin un local establecido", también explica que los negocios del servicio de alimentación "Son aquellos que proveen alimentos a sus clientes" (Dittmer, 2002).

El fin de este tipo de servicios es llevar a los clientes algún tipo de alimento el cual tiene que ser consumible para que se pueda proveer, caso contrario este no será factible para su distribución y venta pues no cumpliría el propósito principal para el que se está preparado, además de que no es necesario un lugar establecido para su consumo.

Outsourcing

Se entiende la figura del outsourcing, como el proceso en el cual una firma identifica una porción de su proceso de negocio que podría ser desempeñada más eficientemente y/o más efectivamente por otra corporación, la cual es contratada para desarrollar esa porción de negocio. Esto libera a la primera organización para enfocarse en la parte o función central de su negocio (Salas, 2017).

El trabajo en régimen de subcontratación es aquel por medio del cual un patrón denominado contratista ejecuta obras o presta servicios con sus trabajadores bajo su dependencia, a favor de un contratante, persona física o moral, la cual fija las tareas del contratista y lo supervisa en el desarrollo de los servicios o la ejecución de las obras contratadas (Bolaños, 2016).

Por tanto, el outsourcing puede definirse como un servicio exterior a la compañía que actúa como una extensión de los negocios de la misma pero que es responsable de su propia administración.

En materia de Recursos Humanos, el outsourcing ha tenido un gran desarrollo en la última década, debido principalmente a la serie de ventajas que representa para las compañías, la contratación de estos servicios (económicas, de orden laboral, administrativo, fiscal, entre otras) (Meraz, 2017).

Este tipo de trabajo, deberá cumplir con las siguientes condiciones:

a) No podrá abarcar la totalidad de las actividades, iguales o similares en su totalidad, que se desarrollen en el centro de trabajo.
b) Deberá justificarse por su carácter especializado.
c) No podrá comprender tareas iguales o similares a las que realizan el resto de los trabajadores al servicio del contratante.

De no cumplirse con todas estas condiciones, el contratante se considerará patrón para todos los efectos de esta Ley, incluyendo las obligaciones en materia de seguridad social (Artículo 15-A LFT, LSS).

Según el Artículo 15-B de la Ley Federal del Trabajo, el contrato que se celebre entre la persona física o moral que solicita los servicios y un contratista, deberá constar por escrito.

La empresa contratante de los servicios, deberá cerciorarse permanentemente que la empresa contratista, cuenta con la documentación y los elementos propios suficientes, para cumplir con las disposiciones aplicables en materia de seguridad, salud y medio ambiente en el trabajo, respecto de los trabajadores de esta última. Lo anterior, podrá ser cumplido a través de una unidad de verificación debidamente acreditada y aprobada en términos de las disposiciones legales aplicables (Artículo 15-C. LFT). No se permitirá el régimen de subcontratación, cuando se transfieran de manera deliberada trabajadores de la contratante a la subcontratista con el fin de disminuir derechos laborales; en este caso, se estará a lo dispuesto por el artículo 1004-C y siguiente de esta Ley (Artículo 15-D LFT).

De acuerdo al Artículo 15-A de la Ley del Seguro Social: Cuando en la contratación de trabajadores para un patrón, a fin de que ejecuten trabajos o presten servicios para él, participe un intermediario laboral, cualquiera que sea la denominación que patrón e intermediarios asuman ambos son responsables solidarios entre sí y en relación con el trabajador, respecto del cumplimiento de las obligaciones contenidas en esta Ley.

Competitividad

Resulta obvio que no hay competitividad si no existen competidores, de ahí que la dificultad el que todos los productos de una empresa sean competitivos, por lo que se considera una estrategia clave para la consecución de la maximización de utilidades con la optimización de costos y gastos (Esteban y Coll, 2003).

Saavedra y Milla (2012) comentan que el término *competitividad* no posee una definición específica. Existe una falta de consenso para definir[la] conceptualmente [...] debido a la amplitud de su significado, que puede abarcar desde el nivel de la empresa, sector, nación y ámbito supranacional; así como, por la naturaleza cualitativa y cuantitativa de sus factores carece de límites precisos en el nivel de análisis y en las diversas metodologías de medición.

Para el World Economic Forum (2010), el concepto de *competitividad* es "el conjunto de instituciones, políticas y factores que determinan el nivel de productividad de un país". El incremento en dicha productividad permitirá que el nivel de ingresos de un país aumente, logrando a su vez, prosperidad para los ciudadanos mediante un incremento en los niveles de calidad de vida. Otro concepto similar al del Foro Económico Mundial es el de Dussel (2001), que define la competitividad como "el proceso de integración dinámica de países y productos a mercados internacionales [...], dependiendo tanto de las condiciones de oferta como de las de demanda"; mientras que Porter (2010), sostiene que la *competitividad* de una nación se debe a que sus empresas son altamente productivas gracias al uso eficiente de sus recursos humanos, naturales y de capital.

Asimismo, Labarca (2007) traduce la *competitividad* en la "posibilidad que tienen sus ciudadanos para alcanzar un nivel de vida elevado y creciente; [el cual, está] determinado por la productividad con la que se utilizan los recursos nacionales, el producto por unidad de trabajo o el capital utilizado". Además, la competitividad se logra "alcanzando una mayor productividad en los negocios existentes o incursionando exitosamente en negocios de mayor productividad" (Labarca, 2007). Esta definición va más acorde a lo planteado por el World Economic Forum (2010) y a las ideas de Porter

(2010), donde las variables productividad y calidad de vida son fundamentales como parte de la ecuación.

Por lo anteriormente señalado, ser competitivo es el resultado que se obtiene cuando el precio al que se ofrece el producto o servicio al cliente, coincide con la voluntad de pago para adquirirlo, y esto sucede de forma rentable y duradera para quien lo ofrece.

Outsourcing: una alternativa de competitividad en las Pymes en el sector Restaurantero en la Mata de Tampamachoco, Municipio de Tuxpan, Veracruz

Para la elaboración de este estudio se seleccionó la zona de La Mata ubicada en el municipio de Tuxpan Veracruz, esta parte del puerto es conocida por su cierta gama de empresas del sector restaurantero que se enfocan en una gastronomía a base de mariscos gracias a la cercanía al mar, la playa y la facilidad que se cuenta al acceso de materia prima que permite la elaboración de dichos alimentos, también el tener parte del rio Tuxpan cerca de donde se ubican estos negocios proporciona un ambiente agradable para los turistas que decidan visitar este lugar, además de que como se mencionó anteriormente se cuenta con cercanía al mar, esto permite tener más facilidad al traslado y obtención de materia prima permitiendo contar con menos gasto a los dueños o encargados de los restaurantes y a su vez en precios más accesibles para los consumidores.

Actualmente la economía del mundo empresarial a nivel Pymes, está en la búsqueda de minimizar costos y gastos con la maximización de beneficios (utilidades), y específicamente en el ramo restaurantero, considerando que la Ciudad de Tuxpan, Veracruz, es el puerto más cercano al Valle de México y del Altiplano, e indudablemente como destino y desarrollo turístico, significa un despunte en el medio empresarial, teniendo la figura jurídica del outsourcing como una alternativa para incrementar la competitividad en el ámbito restaurantero, ya que en la Ciudad de Tuxpan, Veracruz y en la región Norveracruzana, se han iniciado en la actividad restaurantera con microempresas familiares frente a los grandes restaurantes, que al contar con los servicios prestados en tercería, se cuenta con la ventaja de la experiencia, destreza y habilidades del personal, asimismo del conocimiento de las costumbres y la hospitalidad local.

Sin embargo, para que el esquema del outsourcing se incentive para la competitividad en el ramo Restaurantero en las Pymes, deben existir ciertos factores clave, para que se despunte el aspecto de competitividad, los cuales se enlistan en la tabla 1.

COMPETIDORS	DEMANDA	GLOBALIZACIÓN	OTROS
Control de Calidad	Calidad	Costo – Beneficio Tics	Cordialidad y Hospitalidad
Eficiencia y Productividad	Atención al Cliente	Precio Tecnologías	Cumplimiento y Valores
Servicio y Mantenimiento Precio y Marketing	Ahorro de tiempo en entrega y disponibilidad Suministro	Ahorro y Rentabilidad Financiera	Idiosincrasia Fomento de empleo y nuevo esquema de contratación

1. Tabla 1 Factores clave que inciden la competitividad (Fuente propia)

También se deben considerar, en este trabajo de investigación, las ventajas que la figura del outsourcing tiene en las microempresas, las que se describen en la tabla 2.

ADMINISTRATIVO	LABORAL	FINANCIERA	OTROS
Control Interno y Transparencia	Responsabilidad de Servidores	Costo - Beneficio	Armonía y Cordialidad
Eficiencia y Calidad	Contratos, Actas y Acuerdos por escrito	Informes y Reportes	Cumplimiento y Valores
Revisiones periódicas y espontáneas	Fomento de empleo y nuevo esquema de contratación	Ahorro y Rentabilidad Financiera	Atención al Servicio
Vigilancia y cuidado	Prestaciones Laborales	Aprovechamiento de estímulos fiscales	Vocación de Servicio e Independencia

2. Tabla 2 Ventajas del Outsourcing (Fuente propia)

Es interesante decir, que la industria restaurantera en la Mata de Tampamachoco del municipio de Tuxpan, Veracruz, puede aprovechar las ventajas que otorga el esquema del outsourcing, para que se tengan efectos benéficos en la competitividad.

Este esquema, permite un mejor control de los gastos y costos, generando un beneficio en el ahorro y rendimiento del presupuesto operativo en la pymes; con lo anterior, se deriva un control en el manejo del personal, permitiendo una mayor eficiencia y calidad en el servicio que se presta, generando un cuadro integral a favor de la competitividad de la industria hotelera en los aspectos económicos, laboral, administrativo y en lo relacionado a su parte operativa.

Tabla 3 Ventajas y Beneficios del Outsourcing (Fuente propia)

Metodología

El presente trabajo es descriptivo de tipo cuantitativo y no experimental. La población que se estudia son los restaurantes registrados ante el gobierno municipal de Tuxpan Veracruz, ubicados en la zona de La Mata de Tampamachoco. No se aplicó una muestra, sino se realizó un censo a 20 restaurantes a nivel de Pymes, en la Mata de Tampamachoco, Municipio de Tuxpan, Veracruz, donde se aplicó un instrumento de evaluación con 5 preguntas, para determinar el grado de conocimiento del outsourcing como una alternativa de competitividad en el ramo restaurantero, para que finalmente se pudiesen implementar algunas políticas, que genere un ahorro en su costo administrativo, financiero y eficiencia en su capital humano, mostrándose en el apartado de los resultados y gráficos de los mismos.

No se realizó consulta en el SIEM (Sistema de Información Empresarial Mexicana), la Cámara de Comercio, ni en la base de datos del SAT (Servicio de Administración Tributaria) debido a que la información es confidencial.

Resultados

El resultado final de la investigación, se detalla con los datos más relevantes y su representación gráfica, interpretando los resultados obtenidos con el instrumento de medición, a través de la encuesta que fue aplicada a 20 microempresas con actividad restaurantera en la Mata de Tampamachoco, de la Ciudad de Tuxpan, Veracruz. Para una mejor interpretación de la información:

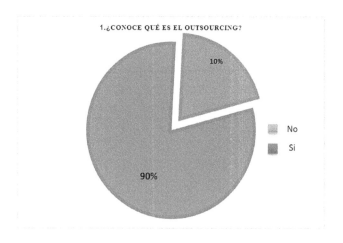

Gráfica 1: Conocimiento del Outsourcing

En la gráfica 1 se observa que el 90% de los encuestados sí tienen conocimiento del concepto del outsourcing.

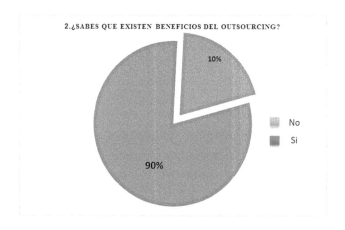

Gráfica 2: Conocimiento de los beneficios del esquema Outsourcing en el ramo restaurantero

En la gráfica 2 se observa que el 90% de los encuestados, desconoce de los beneficios del esquema del outsourcing, en el ramo restaurantero.

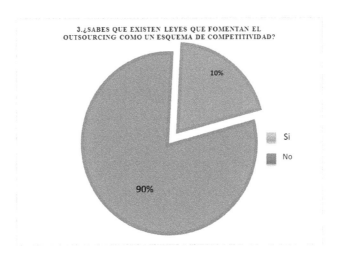

Gráfica 3: Conocimiento de existencia de Leyes que fomentan
el outsourcing como un esquema de competitividad

En la gráfica 3 se observa que el 90% de los encuestados
no tienen conocimiento de que existen leyes que fomentan el
outsourcing como un esquema de competitividad.

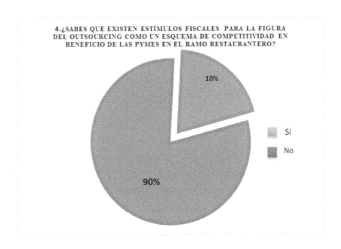

Gráfica 4: Conocimiento de existencia de estímulos fiscales
en el Outsourcing como un esquema de competitividad en
beneficio de las Pymes en el ramo restaurantero

En la gráfica 4 se observa que el 90% de los encuestados no tienen conocimiento de que existen estímulos fiscales en el outsourcing como un esquema de competitividad en beneficio de las Pymes en el ramo restaurantero.

Gráfica 5: Conocimiento de que con el esquema del Outsourcing, el personal está más capacitado y especializado

En la gráfica 5 se observa que el 90% de los encuestados no tienen conocimiento de que con en el outsourcing, el personal está más capacitado y especializado en beneficio de las Pymes en el ramo restaurantero.

Conclusiones

Una vez realizado el análisis en la presente investigación, se concluye que el outsourcing es una figura que ayuda a las microempresas en el ramo hotelero a realizar de una mejor manera su actividad principal, dejando que ciertas tareas o funciones sean realizadas por terceros. No obstante, desafortunadamente esta figura no ha sido aprovechada por las diversas empresas en el ramo restaurantero, considerando que las diferentes leyes en materia laboral, fiscal, financiera y de otra índole, se puede aprovechar de sus beneficios, en favor de la eficiencia y calidad del servicio, en el acotamiento del costo beneficio generando mayor rentabilidad, optimizar los recursos con mayor transparencia y control, fomentar el empleo, la competitividad y aumentar el arribo de mayores inversiones en el apartado de la microempresa del ramo hotelero, teniendo la tranquilidad y seguridad jurídica, al apostar mejores remuneraciones y prestaciones a la nómina de la figura del outsourcing.

La subcontratación de actividades que comenzaron en gran medida en el sector manufacturero para asegurar suministros de menor costo también está creciendo ampliamente en todo el sector de servicios. Su creciente importancia lo ha convertido en una preocupación importante para la industria, el gobierno y el público en general. No se pueden ignorar las consecuencias de la tercerización en el panorama empresarial actual; y ello debe ser considerado para el sector restaurantero de Mata de Tampamachoco, Municipio de Tuxpan, Veracruz.

Si bien muchas empresas han utilizado la subcontratación de manera efectiva para lograr importantes ahorros de costos, todavía existe un potencial adicional para explotar la subcontratación. Si bien la reducción de costos es importante, la reducción de costos única no ofrece una ventaja competitiva sostenida para las empresas solo hasta que los rivales se pongan al día.

En particular, las pymes restauranteras pueden explotar eficazmente el outsourcing para mejorar su ventaja competitiva a través de la innovación estratégica. Basado en este concepto, se puede facilitar la innovación estratégica, además de los roles tradicionales que desempeña el outsourcing, a saber, mejorar la eficiencia operativa y la flexibilidad.

Este enfoque brinda a las pymes restauranteras una opción para ser más creativas en la innovación de estrategias (es decir, la creación de servicios y productos más nuevos), potencialmente nivelando el campo de juego con rivales más grandes.

Finalmente, es importante destacar que al evaluar las funciones y actividades que realiza el personal en cada una de las áreas de la empresa operativa y de servicios, podría tener mejor opción y beneficio, si se decidiera el esquema del outsourcing en la microempresa del ramo restaurantero, en beneficio del trabajador y de su familia, para el crecimiento y desarrollo de la Ciudad y Puerto de Tuxpan, Veracruz.

Recomendaciones

Es pertinente generar programas de difusión y acercamiento con las diferentes empresas en el ramo hotelero, para aprovechar de los beneficios del esquema de outsourcing como una estrategia competitiva para un mejoramiento en lo administrativo, financiero, legal y de índole fiscal, y que no se vea como un esquema de fomento al empleo sino para la optimización de sus recursos dirigidos en beneficio de los dueños, socios, inversionistas y otros sectores, para crear una mejor imagen en el sector turístico, en razón de que la Ciudad y Puerto de Tuxpan, Veracruz próximamente, recibirá mayor atracción de turismo y de futuras inversiones en el ramo restaurantero y sectores vinculados al mismo.

Referencias

Bolaños Pérez, Alejandro. "El Outsourcing en México: Pasado, presente y ¿futuro?"
Revista Contaduría. Fondo Editorial IMCP, A.C. México, Noviembre 2016.
Calixto Bautista, Griselda; Encarnación Garnica, Osvaldo Gerardo; Hernández Maya, Gustavo; Flores Monterrosas,

Erika. "Outsourcing" Revista Contaduría. Fondo Editorial IMCP, A.C. México, Octubre 2013.

Coll Serrano, V.; Blasco Blasco, O.Mª. "¿Competitividad e innovación en la micro y pequeña empresa? Retos previos a superar" Revista de Estudios de Economía Avanzada. México. 2005

Escandón Barbosa, D.M.; Arias Sandoval, A. "Factores que componen las Competitividad de las empresas creadas por mujeres y las relaciones entre ellos" Revista Cuadro Administrativo. Bogotá, Colombia. Enero – Febrero 2011.

Estudio Integral del Outsourcing en materia Laboral y Fiscal. Dofiscal Editores. México, 2018

Fisco Nóminas 2018. Editorial ISEF. México, 2018.

Ley Federal del Trabajo. México, 2018.

Ley del Impuesto Sobre la Renta. México, 2018

Ley del Seguro Social. México, 2018

Salas Benítez, Lázaro. "Outsourcing: Una alternativa de competitividad en las Mpymes en el sector hotelero en la Ciudad de Tuxpan, Veracruz"

Sánchez de la Vega, Ricardo. "Outsourcing una ventaja competitiva para la empresa constructora en México". Tesis de la UNAM. México. 2012.

Seguridad Social. 2ª Edición. Fondo Editorial del IMCP, A.C., México 2018.

Lightning Source UK Ltd.
Milton Keynes UK
UKHW010625011019
350763UK00004B/73/P